PATRIMONIO EN GUERRA: ENTRE EL DAÑO COLATERAL Y EL OBJETIVO BÉLICO

Siria, escenario central de la barbarie cultural

MARTA ARCOS GARCÍA

Los contenidos de este libro están protegidos por la Ley. Está prohibido reproducir cualquiera de los contenidos de este libro para uso comercial sin el consentimiento expreso de los depositarios de los derechos. En todo caso, se permite el uso de los materiales para uso educacional. Para otras cuestiones, pueden contactar con el editor en: www.jasarqueologia.es

Primera edición: julio de 2017

© Edición:
JAS Arqueología S.L.U.
Plaza de Mondariz 6, 28029 Madrid
www.jasarqueologia.es
Edición: Jaime Almansa Sánchez
Corrección: Daniel García Raso

© Texto: Marta Arcos García
© Imágenes: Los autores según se especifica en el pie

ISBN: 978-84-16725-07-6
Depósito Legal: M-1308-2017

Impreso por: Service Point
www.servicepoint.es

Impreso y hecho en España - *Printed and made in Spain*

Marta Arcos García

PATRIMONIO EN GUERRA: ENTRE EL DAÑO COLATERAL Y EL OBJETIVO BÉLICO

Siria, escenario central de la barbarie cultural

ÍNDICE

Glosario de términos árabes	i
Glosario de abreviaturas, siglas y acrónimos	ii
Índice de imágenes, cuadros y gráficos	iv
INTRODUCCIÓN	**1**
Preámbulo	1
¿Cómo obtener información de un territorio al que no se puede acceder? Las nuevas tecnologías como revolución metodológica	6
Plan de exposición	8
CAPÍTULO I. **LAS HERRAMIENTAS JURÍDICAS DE PROTECCIÓN DEL PATRIMONIO CULTURAL SIRIO**	**11**
La protección del patrimonio cultural en el ordenamiento jurídico sirio	11
La legislación internacional aplicable a la cuestión siria en materia de protección del patrimonio cultural en caso de conflicto armado	14
CAPÍTULO II. **EL PATRIMONIO CULTURAL SIRIO Y EL CONTEXTO DE SU DESTRUCCIÓN: LA GUERRA CIVIL (2011-2016)**	**21**
El legado cultural de Siria: patrimonio mundial de la Unesco y reconocimiento internacional	23
La ciudad vieja de Damasco	23

La ciudad vieja de Bosra	24
El sitio de Palmira	26
La ciudad vieja de Alepo	28
El Crac de los Caballeros y Qal 'at Salah el-Din	30
Las aldeas antiguas del norte de Siria	31
Apamea	32
Ebla	34
Malula	35
Las norias de Hama	36
Qasr al-Hayr al-Sharqi	38
Raqqa	39
Los sitios del valle del Éufrates	40
Tartus y la isla de Arwad	43
Ugarit	43
La guerra civil en siria (2011-2016)	44
Origen y evolución del conflicto armado	44
Principales ofensivas en las que el patrimonio cultural ha resultado dañado: el sitio de Hama, la ofensiva sobre Homs y la batalla de Alepo. Dáesh y la ciudad de Palmira	49
CAPÍTULO III. EL IMPACTO DE LA GUERRA EN EL PATRIMONIO CULTURAL SIRIO. EVALUACIÓN Y CUANTIFICACIÓN DE LOS DAÑOS (2011-2016)	**53**
Evaluación de los daños por conjunto histórico, monumental o arqueológico	53

La ciudad vieja de Damasco	53
La viudad vieja de Bosra	57
El sitio de Palmira	60
La ciudad vieja de Alepo	67
El Crac de los Caballeros y Qal'at Salah el-Din	72
Las aldeas antiguas del norte de Siria	74
Apamea	78
Ebla	80
Malula	84
Las norias de Hama	87
Qasr al-Hayr al-Sharqi	88
Raqqa	89
Los sitios del valle del Éufrates: Mari y Dura Europos	92
Tartus y la isla de Arwad	95
Ugarit	95
Inventariado de los bienes culturales dañados en siria entre 2011 y 2016	96
CAPÍTULO IV. **EL ORIGEN DE LA DESTRUCCIÓN: CLASIFICACIÓN DE LOS DAÑOS. EL PATRIMONIO CULTURAL SIRIO COMO OBJETIVO BÉLICO Y COMO DAÑO COLATERAL**	**101**
El patrimonio como objetivo bélico	102
El patrimonio como daño colateral	105
Combates y otras acciones militares	106

    Ocupación de emplazamientos históricos   108

    Saqueos y excavaciones ilegales   111

    Falta de mantenimiento   114

CONCLUSIONES: ¿Y AHORA QUÉ?   **117**

BIBLIOGRAFÍA   **123**

ANEXO GENERAL   **139**

ANEXO MULTIMEDIA   **207**

GLOSARIO DE TÉRMINOS ÁRABES

Bab: puerta

Beit: casa/residencia

Hammam: baño árabe

Jebel: colina

Khan: caravasar

Madrasa: escuela coránica

Maqam: mausoleo/tumba

Maristán: tipo de edificio

Mastabán: tienda

Matbakh: cocina

Qal'at: fortaleza

Qasr: castillo/ciudadela

Sharia: ley islámica

GLOSARIO DE ABREVIATURAS, SIGLAS Y ACRÓNIMOS

AAAS: *American Association for the Advancement of Science* (Instituto Americano para el Progreso de la Ciencia)

APSA: *Association for the Protection of Syrian Archaeology* (Asociación para la Protección de la Arqueología Siria)

ASOR: *American School of Oriental Research* (Instituto Americano de Estudios Orientales)

CNS: Coalición Nacional Siria

Dáesh: del árabe, Estado Islámico de Irak y el Levante

DGAM: *Directorate-General of Antiquities and Museums, Syria* (Dirección General de Antigüedades y Museos de Siria)

EIIL: Estado Islámico de Irak y el Levante

ELS: Ejército Libre Sirio

HEREIN: Red de Información sobre Patrimonio Cultural Europeo

HPI: *Heritage Protection Iniciative* (Iniciativa para la Protección del Patrimonio)

ICBS: *International Committee of the Blue Shield* (Comité Internacional del Escudo Azul)

ICI: Instituto de Cooperación Intelectual

ICOMOS: *International Council on Monuments and Sites* (Consejo Internacional de Monumentos y Sitios)

ICOM: *International Council of Museums* (Consejo Internacional de Museos)

IEEE: Instituto Español de Estudios Estratégicos

OIM: Oficina Internacional de Museos

ONU: Organización de las Naciones Unidas

SOHR: *Syrian Observatory for Human Rights* (Observatorio Sirio para los Derechos Humanos)

UNESCO: *United Nation Educational, Scientific and Cultural Organization* (Organización de las Naciones Unidas para la Educación, la Ciencia y la Cultura)

UNITAR: *United Nations Institute for Training and Research* (Instituto de las Naciones Unidas para la Formación y la Investigación)

UNOSAT: *United Nations Operational Satellite Applications Programme* (Programa de las Naciones Unidas para la Aplicación de los Satélites)

V.: véase

ÍNDICE DE IMÁGENES, CUADROS Y GRÁFICOS

Imágenes:

Imagen 0. Mapa arqueológico de Siria	vii
Imagen 1. La ciudad vieja de Damasco	23
Imagen 2. La ciudad vieja de Bosra	24
Imagen 3. El Sitio de Palmira	26
Imagen 4. La ciudadela	28
Imagen 5. El Crac de los Caballeros y *Qal'at Salah el-Din*	30
Imagen 6. Las aldeas antiguas del norte de Siria	**31**
Imagen 7. Cardo Máximo de Apamea	32
Imagen 8. Palacio G o palacio real, Ebla	34
Imagen 9. Malula	36
Imagen 10. Noria ayyubí en la ciudad de Hama	37
Imagen 11. *Qasr al-Hayr al-Sharqi*	38
Imagen 12. Raqqa, la ciudad abasí	39
Imagen 13. Extensión de las ciudades-estado de Mari y Ebla	41
Imagen 14. Antes y después de la ciudad vieja de Bosra (febrero 2011-abril 2014)	58
Imagen 15. Imagen satélite del sitio de Palmira (marzo 2016)	61
Imagen 16. La destrucción del patrimonio cultural del sitio de Palmira por el Dáesh	63
Imagen 17. Antes y después del templo de *Bel*, en Palmira	65

Imagen 18. Daños a la Gran Mezquita de Alepo y a su zona adyacente (2011-2014) — 71

Imagen 19. Daños en la zona al sur de la Ciudadela de Alepo (2011-2014) — 71

Imagen 20. Militarización del yacimiento *Jebel Barisha* (febrero y agosto 2014) — 77

Imagen 21. Mapa topográfico del yacimiento de Ebla — 82

Imagen 22. Expolio y destrucción en Malula (2014) — 86

Imagen 23. Antes y después del santuario-mausoleo de *Oueis* (abril 2011-octubre 2014) — 90

Imagen 24. Evolución del expolio en Mari (agosto 2011-noviembre 2014) — 94

Vídeos:

Vídeo 1. Estado de conservación de la ciudad de Raqqa, en manos del Dáesh, a mediados de 2014 — 90

Cuadros:

Cuadro 1. Patrimonio cultural dañado o destruido en Siria según gobernación (2011-2016) — 49

Cuadro 2. Evaluación y cuantificación de los daños en la ciudad vieja de Damasco (2011-2016) — 56

Cuadro 3. Evaluación y cuantificación de los daños en la ciudad vieja de Bosra (2011-2016) — 59

Cuadro 4. Evaluación y cuantificación de los daños en el sitio de Palmira (2011-2016) — 66

Cuadro 5. Evaluación y cuantificación de los daños en Apamea (2011-2016) — 80

Cuadro 6. Evaluación y cuantificación de los daños en Ebla (2011-2016)	84
Cuadro 7. Evaluación y cuantificación de los daños en Raqqa (2011-2016)	91

Gráficos:

Gráfico 1. Comparativa de daños al patrimonio cultural sirio	98
Gráfico 2. Porcentaje de bienes culturales dañados en Siria entre 2011 y 2016, según su nivel de intensidad	99
Gráfico 3. Nivel de daños en el patrimonio sirio	108

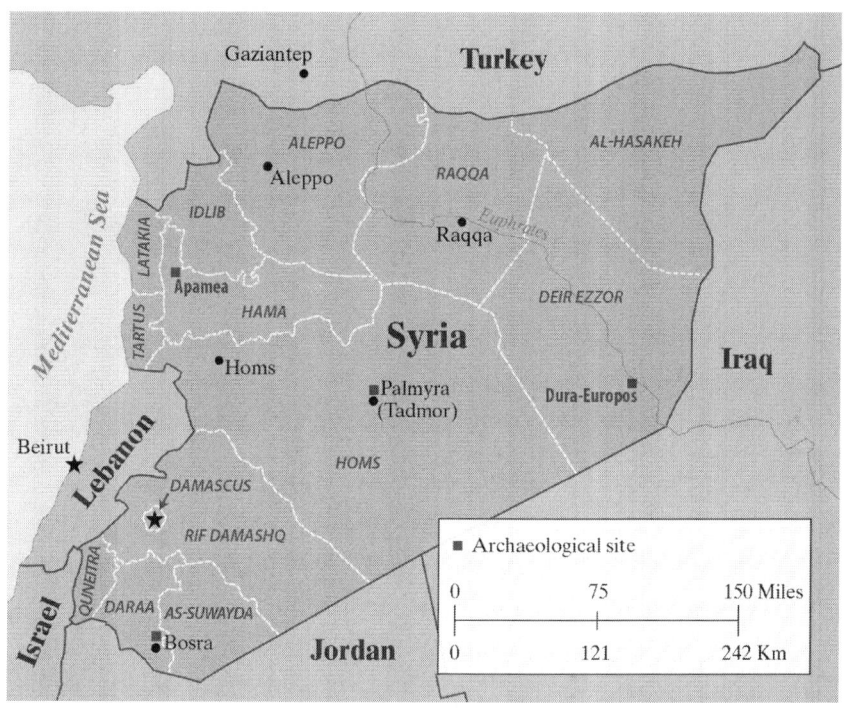

Imagen 0. Mapa arqueológico de Siria.

INTRODUCCIÓN

I. PREÁMBULO

Los templos de Bel y Baalshamin en Palmira, el palacio de Zimri-Lin en Mari, Raqqa (o «la Ciudad abasí»), Dura Europos o («la Pompeya del desierto»), la iglesia-monasterio de san Simeón, el teatro romano de Bosra y las ciudadelas de Alepo y Damasco son solo algunos ejemplos del excepcional patrimonio que atesora Siria. Por desgracia, también representan un legado cultural que desde el inicio de la guerra civil en el año 2011 está siendo destruido sistemáticamente.

En el quinto aniversario del estallido del conflicto, esta contienda nos ha dejado impactantes cifras: más de 300 000 muertos, casi 7 millones de desplazados internos y aproximadamente 5 millones de refugiados repartidos entre países limítrofes y Europa. Atrocidades, violación de los derechos humanos, hambre y desesperación se han apoderado de Siria. A esta terrible realidad, cabe sumar una más: la destrucción sistemática de la herencia cultural no solo del pueblo sirio, sino de toda la humanidad.

Y es que Siria, en su dilatada historia como enclave estratégico desde el punto de vista militar, comercial y político, como nexo entre tres continentes, ha servido de base para el desarrollo de importantes hitos en el devenir de la humanidad, así como de escenario para destacados episodios de la historia regional y mundial. El paso de las sociedades cazadoras-recolectoras a las primeras sedentarias se produjo en las orillas del río que la cruza, el Éufrates, lugar donde se establecieron algunos de los primeros espacios ordenados siguiendo un esquema urbano. Esto explica que fuera precisamente en sus oasis, pero también en sus parajes desérticos, donde se desarrollase uno de los primeros alfabetos, el cuneiforme, que ayudó, además, a sustentar a los primeros grandes imperios. La mítica región del Levante, establecida como posición clave en las rutas caravaneras que partían de Asia Oriental hacia la Europa mediterránea, fue elegida como morada por personajes tan relevantes como Zimri-Lim y Saladino, Mahoma o Juan el Bautista. Decenas de civilizaciones han luchado sucesivamente por hacerse con el control de este territorio: asirios, hititas, seléucidas, romanos y bizantinos son solo algunos de los pueblos que lo han habitado, mientras que los califatos omeya y abasí escogieron algunas de sus ciudades como capitales de sus imperios, al tiempo que los otomanos hicieron de Siria una próspera provincia.

Su sucesiva ocupación desde la prehistoria ha dado lugar hoy a una herencia patrimonial multicultural, donde los palacios y archivos mesopotámicos se mezclan con los templos romanos y se integran con las mezquitas abasíes y los zocos otomanos, dando lugar a un excepcional paraje cultural, reflejo del devenir histórico.

Su importancia ha sido reconocida en varias ocasiones por la Unesco, que ha integrado a seis de sus enclaves en la Lista de Patrimonio Mundial: las ciudades viejas de Damasco, Bosra y Alepo, el sitio de Palmira, las aldeas antiguas del norte de Siria y el Crac de los Caballeros-*Qal'at Salah el-Din*. Junto a ellos, otros doce espacios han sido propuestos para su entrada desde el año 1999: Ugarit, Ebla, Apamea, *Qasr al-Hayr al-Sharqi*, Malula, Tartus, las norias de Hama, la isla de Arwad, Mari, Dura Europos, Raqqa y los sitios del valle del Éufrates.

Introducción

Sin embargo, este patrimonio cultural de excepcional valor universal se encuentra en la actualidad seriamente amenazado, fruto de la cruenta guerra civil que desde 2011 asola el milenario territorio. Unas veces consecuencia de las actividades relacionadas con el propio desarrollo bélico y otras como blanco principal a derribar, el patrimonio cultural sirio está siendo atacado sistemáticamente, incumpliendo así lo dispuesto en la Convención para la Protección de los Bienes Culturales en caso de Conflicto Armado, firmada en el seno de la Unesco en 1954, de la que Siria es signataria.

En este sentido, desde el inicio de la guerra civil, expertos relacionados con el ámbito de la protección del patrimonio cultural han desarrollado investigaciones para establecer la naturaleza y la amplitud de los daños a los bienes culturales sirios como consecuencia de acciones relacionadas con el conflicto. Sin embargo, el volumen de patrimonio dañado y las dificultades para acceder a información certera sobre los niveles de impacto y sus causas, han dado lugar a la producción de estudios de diverso alcance. Unos son monográficos, centrados tanto en la destrucción de un lugar o un bien cultural en concreto, como en el inventariado de bienes dañados en una zona específica, si bien otros analizan algunos de los factores que están provocando dichas damnificaciones, estableciendo su origen y sus posibles soluciones. Junto a ellos, se están publicando investigaciones centradas en la cuantificación de los daños basándose en una única fuente, como las imágenes satélite, dejando de lado otras variables de análisis. Los estudios más completos, en los que se recogen varias técnicas de cuantificación y se desarrollan sobre un volumen mayor de bienes culturales, así como las investigaciones que analizan y clasifican diversos factores implicados en los daños a este patrimonio cultural, solo actualizan los datos hasta 2014, en la mayoría de los casos.

La presente investigación quiere presentarse, en cambio, como un estudio completo de los daños al patrimonio cultural sirio desde el inicio del conflicto, partiendo de la información aportada por los estudios anteriores y actualizándola con la incorporación de los nuevos datos, ofreciéndose, así, como una recapitulación y una actualización de la situación actual del patrimonio cultural sirio. Con este propósito, dos son sus objetivos: dilucidar el volumen de patrimonio cultural que a día de hoy ha sido dañado o destruido en Siria por causas relacionadas con la guerra y, en ese mismo sentido, cuáles son dichas causas bélicas. Con su promulgación se pretende apoyar la puesta en marcha de medidas eficaces para que escenarios como este no se den en futuros conflictos, al tiempo que se aspira a continuar con los esfuerzos que desde el ámbito académico se están desarrollando para impulsar métodos efectivos de cuantificación de los daños al patrimonio cultural sirio.

Con este libro, asimismo, se pretende llenar el hueco que hasta ahora permanecía vacío sobre un tema que, pese a su contemporaneidad y al especial interés que parece despertar en distintos sectores de la sociedad, acusaba una llamativa falta de estudios en castellano. A excepción, por supuesto, de algunos trabajos parciales de gran interés como los desarrollados por el Instituto Español de Estudios Estratégicos (IEEE) o el investigador Anas al-Khabour.

Con todo ello, trato de acercar a la sociedad hispanoparlante una realidad tan cercana como desconocida, pero sin duda clave: la destrucción del patrimonio sirio. No hay que olvidar que el patrimonio cultural va más allá de un simple elemento material, ya que los bienes culturales funcionan como símbolos identitarios y de cohesión social, como reflejos de las sociedades y también de sus etnias. Como se verá a lo largo de estas páginas, uno de los factores que están provocando la destrucción del patrimonio en Siria es la «limpieza cultural», materializada en el aniquilamiento de los elementos de cohesión de las diferentes raíces culturales que conforman el pueblo sirio, entre los que se encuentra el patrimonio cultural. Por ello es fundamental establecer mecanismos eficaces que frenen esta realidad, para lo cual se torna acuciante hacerlo visible.

Así, en los sucesivos capítulos de este libro se analizan las causas bélicas que han motivado, y están motivando a día de hoy, la destrucción del patrimonio sirio, y con ello la identidad cultural de sus habitantes. Su consecución ha permitido establecer, además, un inventario inédito de los bienes culturales destruidos o dañados durante el conflicto, realizado a partir de los datos proporcionados por las nuevas tecnologías aplicadas al estudio del patrimonio cultural, que complementan de manera esencial la información suministrada por las fuentes textuales. Sin embargo, el enorme volumen de bienes culturales atesorados en Siria (solo teniendo en cuenta los yacimientos arqueológicos, cuenta con más de 15 000), ha determinado que en este volumen se aborden solo aquellos que forman parte de la Lista de Patrimonio Mundial de la Unesco, así como los que actualmente están propuestos para su inclusión, ya que son precisamente estos los más relevantes por su valor histórico, cultural, científico y artístico. No obstante, el inventario amplía esta información, incluyendo también los daños a los bienes culturales denominados así por el gobierno de Siria.

II. ¿CÓMO OBTENER INFORMACIÓN DE UN TERRITORIO AL QUE NO SE PUEDE ACCEDER? LAS NUEVAS TECNOLOGÍAS COMO REVOLUCIÓN METODOLÓGICA

En los últimos años, las nuevas tecnologías han desempeñado un papel cada vez más relevante en el desarrollo de investigaciones de índole diversa. En nuestro caso, al tratarse Siria de un país actualmente en guerra, han resultado imprescindibles para aproximarnos a un escenario al que es prácticamente imposible acceder por los medios tradicionales. De hecho, la consecución de este estudio habría resultado si no inalcanzable, sí mucho menos detallada sin el uso de las nuevas tecnologías aplicadas al patrimonio cultural. Entre ellas figuran las imágenes satélite, las fotografías y los vídeos. Las primeras, públicamente accesibles a través de plataformas como Google Earth, y también por otras como Digitalglobe, han sido determinantes para la evaluación y la cuantificación de los daños, ya que sus imágenes en alta definición y su continua actualización han hecho posible evidenciar los cambios en el paisaje y advertir los efectos del conflicto armado sobre el patrimonio cultural. Además, los estudios basados en el análisis de imágenes satélite aplicadas al caso sirio, como las realizadas por la American Association for the Advancement of Science (AAAS) o UNITAR, han contribuido de forma decisiva al correcto estudio de estas imágenes. Por otro lado, las fotografías y vídeos tomados unas veces por organizaciones sin ánimo de lucro que velan por la protección del patrimonio cultural en Siria, como la Association for the Protection of Syrian Archaeology (APSA), y otras por población local, militares e incluso por el propio Dáesh, han sido clave para corroborar la información suministrada por las imágenes satélite, y para poner de relieve otro tipo de daños no visibles en ellas. La aplicación de estas fuentes multimedia se establece como una herramienta muy útil para casos como el que nos ocupa, en el que la situación en el país no permite realizar estudios sobre el terreno y sí, en cambio, a miles de kilómetros de distancia.

No obstante, las fuentes textuales siguen aportando una información muy valiosa. Este es el caso de los infomes elaborados por instituciones como la Dirección General de Antigüedades y Museos de Siria (DGAM), UNITAR o la American School of Oriental Research (ASOR). Por otro lado, las investigaciones académicas y científicas llevadas a cabo por organizaciones como la AAAS o la Heritage Protection Iniciative (HPI), así como por investigadores de reconocido prestigio internacional como Emma Cunliffe, Michael Danti, Jesse Casana, Amr al-Azm o Ali Cheickmous, entre otros, han permitido esclarecer el estado de la cuestión y determinar ciertos parámetros de análisis. Junto a ellos, los inventarios parciales elaborados hasta la fecha por la DGAM o Anas al-Kahbour sobre patrimonio cultural sirio dañado o destruido, han facilitado la consecución del inventario inédito que aquí se presenta.

En cuanto a la terminología aplicada a la identificación del patrimonio (bien cultural, conjunto histórico, yacimiento arqueológico, etc.), se sigue el *Thesaurus* desarrollado por el programa Red de Información sobre Patrimonio Cultural Europeo (HEREIN), llevado a cabo por el Consejo de Europa. Y respecto a la clasificación de sus daños, se han adoptado las directrices marcadas por la Unesco en su estudio de referencia para la materia: *Satellite-based Damage Assessment to Cultural Heritage Sites in Syria* (2014), elaborado por UNITAR y aplicadas también por la DGAM. Así, el patrimonio sirio damnificado aparece a lo largo del libro clasificado como:

- Destruido: cuando entre el 75 % y el 100 % de la estructura ha sido destruida.

- Seriamente dañado: cuando entre el 30 % y el 75 % de la estructura ha sido dañada y/o existe actividad civil o militar muy significativa sobre el bien cultural o conjunto histórico, arqueológico o monumental.

- Moderadamente dañado: cuando entre el 5 % y el 30 % de la estructura está dañada y/o existe daño limitado a algunas estructuras y/o existe cierta actividad civil o militar.

- Posiblemente dañado: cuando existen indicios de daño o hay presencia de escombros, pero no es posible determinar el nivel de damnificación.

III. PLAN DE EXPOSICIÓN

Este libro se ha articulado en cuatro grandes capítulos, precedidos por una serie de apartados dedicados a aclarar o especificar algunas cuestiones relacionadas con él, como un glosario de términos en árabe, abundantes en el estudio, cuya traducción se incluye; una lista con las abreviaturas, siglas y acrónimos utilizados; y un índice de imágenes, cuadros y gráficos.

En el primer capítulo se delimitan los instrumentos legales de protección nacional e internacional aplicables al caso del patrimonio sirio. Dado el escenario actual de devastación patrimonial, se vuelve imprescindible realizar un breve repaso por un marco normativo que, en principio, asegura la protección del patrimonio ante los diferentes riesgos que amenazan su conservación. Su estudio se vuelve esencial, además, para llegar a conclusiones sobre su aparente ineficacia en el contexto bélico sirio.

El capítulo segundo supone una aproximación al rico patrimonio cultural que atesoraba Siria hasta el estallido de la guerra, en el año 2011. Para valorar el impacto que ha supuesto la destrucción de una buena parte de la memoria histórica colectiva no solo del pueblo sirio, sino de la humanidad, es imprescindible ser conscientes de lo que ese patrimonio significaba. En este sentido, en este capítulo se exponen los principales conjuntos históricos del país y sus atributos esenciales. Después, se analiza la causa que actualmente está acabando con él, la guerra, de la que se establece su origen, desarrollo y otros aspectos relevantes desde el punto de vista de su impacto en el patrimonio. Y es que, para comprender su alcance, antes de abordar su propia destrucción, es esencial saber qué había, qué ha pasado y qué ha quedado.

En el capítulo tercero se examinan, precisamente, las consecuencias que el conflicto armado ha tenido sobre el patrimonio cultural del país. Para ello, se evalúan y cuantifican los bienes culturales destruidos o dañados entre 2011 y mayo de 2016. Así, en el cuerpo del capítulo se evidencian los daños más sobresalientes al patrimonio mundial o propuesto para su denominación por la Unesco, durante estos cinco años de guerra. Mientras, el inventario de bienes culturales dañados en Siria, que puede consultarse en el anexo general 1, incluye todos los bienes culturales sirios dañados o destruidos durante el desarrollo del conflicto bélico.

El capítulo cuarto analiza el origen de estos daños. Restringir las motivaciones y los contextos que han provocado que gran parte del patrimonio cultural sirio se encuentre hoy damnificado permite establecer una clasificación de sus causas, distinguiendo, según el origen de la agresión, entre patrimonio como objetivo bélico y patrimonio como daño colateral.

CAPITULO I.
LAS HERRAMIENTAS JURÍCAS DE PROTECCIÓN DEL PATRIMONIO CULTURAL SIRIO

Desde hace más de cuatro años, el patrimonio cultural sirio está siendo dañado, cuando no destruido, robado y saqueado, sin que parezca que haya una legislación que lo proteja. Sin embargo, en el ámbito internacional existe un importante volumen legislativo orientado a su protección, formado fundamentalmente por las sucesivas Convenciones de la Unesco.

Por otro lado, Siria, con escasa legislación propia en la materia, ha ratificado la mayoría de las convenciones Unesco, lo que le había dotado, hasta la fecha de inicio del conflicto, de instrumentos de acción adicionales con los que proteger su legado cultural.

Bajo estas premisas, a continuación se aborda la legislación nacional e internacional en materia de protección de patrimonio aplicable en el actual conflicto sirio. Como elementos jurídicos básicos de su salvaguardia, conocer su grado de aplicación y cumplimiento es fundamental para determinar su efectividad y dilucidar si, pese al elevado volumen patrimonial destruido, está evitando que este sea aún mayor.

I. LA PROTECCIÓN DEL PATRIMONIO CULTURAL EN EL ORDENAMIENTO JURÍDICO SIRIO

La protección del excepcional patrimonio cultural sirio se remonta al siglo XIX, en consonancia con las tendencias europeas de la época.

Efectivamente, fue durante la etapa de dominación otomana cuando se desarrolló un rudimentario volumen legislativo sobre antigüedades[1], incluido en el Código Otomano de 1884, sobre el que se realizaría la primera lista de monumentos y sitios históricos del Imperio (Lamb, 2015). Posteriormente, durante el Mandato francés (1920-1946) se elaboraría la primera ley específica relativa al patrimonio cultural sirio, en 1938, bajo la que se desarrolló un nuevo proceso de identificación y catalogación de bienes culturales que daría lugar a la publicación de un inventario que sigue hoy en uso (CORPUS Levant, 2004). Esta ley, parcialmente modificada en 1949[2], seguiría aplicándose hasta 1963. En 1947 se había creado, además, la DGAM, mediante el Decreto Legislativo 88, de 30 de junio, para el establecimiento de la Dirección General de Antigüedades y Museos, erigiéndose como máximo órgano para la protección del patrimonio[3], y como encargada de aplicar el ordenamiento jurídico para tal fin (Siria, 1947).

En 1949 se promulgó el Decreto Legislativo 148, de 22 de mayo de 1949, del Código Penal sobre la Destrucción de Monumentos Históricos, clave para el estudio que nos atañe (ARCP, 2014). En esta ley, vigente en la actualidad, se establecen penas de prisión y elevadas multas para aquellos que dañen o destruyan el patrimonio cultural sirio, aunque no especifica las acciones a emprender en caso de un contexto bélico como el actual (CORPUS Levant, 2004).

---

[1] Su principal objetivo era la protección de objetos y monumentos históricos. La palabra árabe utilizada para designar estos volúmenes era *athar*, traducido como «vestigios de civilizaciones antiguas», aunque su connotación real denota el significado actual de patrimonio cultural tangible (CORPUS Levant. 2004, p. 27).

[2] Con la aplicación del Decreto Legislativo nº 84, de 18 de mayo de 1949, del Código Civil para la protección del patrimonio arqueológico.

[3] Además, tuvo la particularidad de ser creado once años antes que el propio Ministerio de Cultura, establecido en 1958, y del que ahora depende (Lamb, 2015).

1. Las herramientas jurídicas de protección del patrimonio cultural sirio

Ya en la Siria independiente sería emitida la Ley 222, de 26 de octubre de 1963, del Régimen de las Antigüedades, parcialmente enmendada en 1969[4] y modificada en 1999 por la Ley de Antigüedades, que se ha alzado como la principal herramienta de protección de su patrimonio frente a posibles amenazas, ya sean de carácter medioambiental, estructural o humano (CORPUS Levant, 2004). Según la misma, se consideran elementos patrimoniales los objetos, estructuras o monumentos que tengan una antigüedad superior a los doscientos años (CORPUS Levant, 2004). Estos bienes son, a su vez, divididos en dos categorías: *patrimonio mueble*, formado por objetos y esculturas, y *patrimonio inmueble*, que engloba el patrimonio construido, los yacimientos arqueológicos, los monumentos históricos y barrios antiguos (Lamb, 2015). La modificación de 1999 tuvo como consecuencia la prohibición del tráfico de antigüedades, legal hasta entonces, lo que condujo a la reforma del Decreto Legislativo 148, de 22 de mayo de 1949, del Código Penal sobre la Destrucción de Monumentos Históricos (Lamb, 2015).

Por otro lado, su nueva constitución, aprobada en 2012, dejó también un espacio a la regulación en materia de protección del patrimonio cultural. Así, el artículo 28 establece la importancia de su preservación como factor clave en el desarrollo de la identidad cultural siria. Por su parte, el artículo 32 reconoce al Estado competencias en su protección.

Ese mismo año, ya iniciada la guerra, como respuesta a la incapacidad mostrada por las políticas de protección del patrimonio para cumplir con sus cometidos frente a los ataques directos o indirectos, el Ministerio de Cultura, mediante la DGAM, creó el Comité para la Protección del

---

[4] Con el Decreto Legislativo nº 295, de 2 de diciembre de 1969, el Decreto Legislativo nº 296, de 2 de diciembre de 1969 y con el Decreto Legislativo nº 333, de 23 de diciembre de 1969.

Patrimonio con los objetivos de dotar a las entidades encargadas de su protección de mejores instrumentos de actuación y para desarrollar operativos de traslado de piezas a lugares más seguros[5] (ARCP, 2014). Finalmente, el Departamento de Asuntos Legales (DGAM) ha redactado una nueva ley centrada en la faceta arqueológica y basada en los convenios internacionales sobre protección de patrimonio que Siria ha ratificado, de la que se espera que suponga una mejora en su protección (Lamb, 2015).

II. LA LEGISLACIÓN INTERNACIONAL APLICABLE A LA CUESTIÓN SIRIA EN MATERIA DE PROTECCIÓN DEL PATRIMONIO CULTURAL EN CASO DE CONFLICTO ARMADO

El Consejo Internacional de Museos (ICOM) establece que la normativa internacional aplicable en materia de protección del patrimonio cultural en el caso sirio (ICOM, 2013) es la que se detalla en las siguientes secciones.

La Convención para la Protección de Bienes Culturales en Caso de Conflicto Armado (1954)

Esta convención surgió como reacción a una legislación de protección del patrimonio cultural que se había demostrado fallida, tras la destrucción ocasionada durante la Segunda Guerra Mundial. Según la propia Unesco, se estableció como «el primer tratado internacional de alcance mundial centrado exclusivamente en la protección del patrimonio cultural en

---

5 En el año 2013 la DGAM emitió un informe en el que se comunicó la evacuación de piezas de todos los museos a lugares más seguros (ARCP, 2014).

caso de conflicto armado» (Unesco, 2016b, párr. 4). A ella se añadió el Reglamento para la aplicación práctica de la Convención y el Protocolo para la Protección de Bienes Culturales en caso de Conflicto Armado. En 1999 se sumaba el Segundo Protocolo de la Convención de la Haya, surgido a consecuencia de la destrucción masiva de patrimonio durante los conflictos acaecidos durante las décadas de los ochenta y los noventa, y que demostraron deficiencias en la aplicación de la Convención y su Protocolo (Unesco, 2016c).

De cara a lo que aquí interesa, la ratificación de esta convención y de su protocolo por Siria, realizada el 6 de marzo de 1958, es importante destacar algunos aspectos que en dicha convención se establecen y que el país, con su adhesión, debe o debería cumplir:

- El artículo 3 insta a las «Altas Partes Contratantes»[6] a desarrollar, en tiempos de paz, actividades que fomenten la protección de sus bienes culturales y prepararlos frente a posibles ataques (1954a, art. 3).

- Según el artículo 4, las Altas Partes se comprometen a respetar los bienes culturales situados en su territorio y en el de terceros países que también sean Altas Partes. Asimismo, se prohíbe su utilización para fines bélicos (1954a, art. 4.1). Sin embargo, establece su puntual «violabilidad» en el caso de «necesidad militar imperativa» (1954a, art. 4.2). Las Altas Partes se comprometen a prohibir e impedir el robo y saqueo de sus bienes culturales, así como cualquier tipo de vandalismo, y se les prohíbe la confiscación de bienes culturales muebles expoliados en su territorio que se encuentren en el de otra

---

6 Por Alta Parte Contratante entiende, según el Segundo Protocolo de la Convención: «Un Estado Parte en la Convención» (Unesco, 1999, Art. 1.d). En este sentido, un Estado pasa a ser Estado Parte cuando ratifica, acepta, se adhiere o aprueba la citada convención, vinculándose legalmente con el contenido del texto a partir de ese momento.

Alta Parte (1954a, art. 4.3). Este punto fue matizado en el capítulo I.1 del Protocolo, al establecer que las Altas Partes deben impedir la exportación de sus bienes culturales, y en el punto I.2., en el que las conmina a mantenerlos «bajo secuestro» y devolverlos una vez finalizado el conflicto u ocupación, en el caso de que hayan recibido bienes culturales importados de forma ilícita de otro territorio Parte, o de cualquier otro en situación de guerra u ocupación (1954b, I.3). Finalmente, el artículo 4.5 establece la inviolabilidad de este artículo por su omisión por otra Alta Parte.

- El artículo 5, referido a la ocupación del territorio de una Alta Parte por otra de igual rango, establece el compromiso de la Parte ocupante a ayudar a la autoridad nacional a proteger sus bienes culturales (1954a, art. 5.1). Además, determina la iniciativa de la Parte ocupante para la conservación de dichos bienes, en el caso de que la Parte ocupada no pudiera hacerse cargo (1954a, art. 5.2).

- Respecto al traslado de bienes culturales en peligro, el artículo 12 lo autoriza únicamente en casos en que no se pueda garantizar su seguridad, y siempre previa petición. Debe realizarse bajo protección policial especial y los bienes pueden ser evacuados a otra zona del país o fuera de sus fronteras (1954a, art. 12.1-12.2). El Protocolo establece que una vez finalizado el conflicto u ocupación, los bienes trasladados deben ser devueltos (1954b, II.5). Además, insta a las otras Altas Partes a respetar y no atacar los vehículos de traslado (1954a, art. 12.3). En su artículo 13 determina su transporte en caso de urgencia en las situaciones en las que no sea aplicable el artículo 12[7].

---

7 Que se detalla en el artículo 16 de la Convención.

1. Las herramientas jurídicas de protección del patrimonio cultural sirio

- En cuanto a la aplicación de la Convención, el artículo 18 establece su entrada en vigor en tiempos de paz, y su aplicación «en caso de guerra declarada o de cualquier otro conflicto armado que pueda surgir entre dos o más de las Altas Partes Contratantes, aun cuando alguna de ellas no reconozca el estado de guerra» (1954a, art. 18.1). También establece su aplicación en los casos de ocupación parcial o total del territorio de una Alta Parte, aunque no haya resistencia militar (1954a, art. 18.2). Además, el artículo 18.3 establece un importantísimo epígrafe al considerar que la Convención será de cumplimiento para los Estados que estén interviniendo en un conflicto armado en territorio de una Alta Parte, aunque no formen parte de la Convención[8].

- El artículo 19, sobre los conflictos de carácter no internacional, es importante porque el origen de la actual guerra siria y sus primeras fases tuvieron un carácter nacional, si bien ha ido adquiriendo un cariz transversal. Este artículo establece que, en los casos de conflictos armados de esfera nacional en territorio de una Alta Parte, cada contendiente está obligado a aplicar y cumplir lo dispuesto en la Convención (1954a, art. 19.1).

- El artículo 28 es altamente significativo porque instruye las sanciones en caso de violación, negligencia o falta de aplicación de lo dispuesto en la Convención. Así, se determina que las Altas Partes serán las competentes para aplicar sanciones según lo dispuesto en su código penal (1954a, art. 28).

---

8 El artículo 18.3 de la Convención de La Haya dice así: «Las Potencias Partes en la presente Convención quedarán obligadas por la misma, aun cuando una de las Potencias que intervengan en el conflicto no sea Parte en la Convención. Estarán además obligadas por la Convención con respecto a tal Potencia, siempre que esta haya declarado que acepta los principios de la Convención y en tanto los aplique» (Unesco, 1954a).

Finalmente, con el Segundo Protocolo de 1999, se creó un nuevo nivel de protección, reforzando las disposiciones relativas a la salvaguardia y la conservación del patrimonio, con la creación de la categoría de «protección reforzada» y con el establecimiento de sanciones para los casos de atentados contra bienes culturales. También se creó el Comité para la Protección de los Bienes Culturales en caso de Conflicto Armado, integrado por los Estados Parte, con el objetivo de hacer aplicar la Convención y sus protocolos (Unesco, 2016c).

La Convención sobre las Medidas que Deben Adoptarse para Prohibir e Impedir la Importación, la Exportación y la Transferencia de Propiedad Ilícitas de Bienes Culturales (1970)

Convocada a iniciativa de la Unesco, fue aceptada[9] por Siria el 21 de febrero de 1975. Es importante señalarla, porque otra de las consecuencias de los conflictos armados sobre el patrimonio son su expolio y saqueo para su posterior tráfico ilícito. Esta convención afrontó el problema, reforzando la legislación en el ámbito de los conflictos armados (Unesco, 2016d). Así, conviene destacar algunos de sus puntos que, tras su aceptación por Siria, son vinculantes:

- El artículo 2, por el que los Estados Parte reconocen el tráfico ilícito de bienes culturales como una de las causas principales que provocan

---

9 Según el glosario de términos relativos a los procedimientos de los tratados elaborados por la ONU, la aceptación tiene «el mismo efecto jurídico que la ratificación y, por lo tanto, expresan el consentimiento de un estado en obligarse por un tratado. En la práctica, algunos estados recurren a la aceptación y aprobación en lugar de proceder a la ratificación, puesto que, en el plano nacional, la ley constitucional no exige la ratificación por el jefe de Estado [Art.2, párr..1, ap. b; art. 14, párr.2: Convención de Viena sobre el Derecho de los tratados de 1969]» (ONU, 2013).

su pérdida a nivel mundial (1970, art. 2.1), y se comprometen a luchar contra él (1970, art. 2.2).

- El artículo 5, por el que los Estados Parte se comprometen a adoptar las medidas de la Convención contra el tráfico ilícito, entre las que se encuentran: redacción de legislación nacional, preparación de inventarios sobre los bienes culturales nacionales, creación de instituciones que garanticen su conservación y protección, etc. (1970, art. 5).

- Los artículos 6 y 7, sobre las obligaciones de los Estados Parte contra el tráfico ilícito de bienes culturales. El artículo 6, determina, entre otras: el establecimiento de certificados, autorizados por el Estado para la importación/exportación de un bien cultural, y prohibición de todo aquel que no esté debidamente certificado (1970, art. 6). El artículo 7, por su parte, obliga a: impedir, a través de la legislación nacional, la adquisición de bienes culturales exportados de forma ilícita, confiscar los de procedencia fraudulenta y facilitar su devolución al Estado o autoridad pertinente.

- El artículo 8 instaura sanciones penales o administrativas, ejercidas por los Estados Parte, a las personas naturales o jurídicas que hayan infringido lo dispuesto en la Convención.

Convención sobre la Protección del Patrimonio Mundial, Cultural y Natural (21 de noviembre, de 1972)

Esta convención, firmada en París y aceptada por Siria el 13 de agosto de 1973, además de ser importante para el desarrollo del concepto actual de patrimonio cultural, es de interés porque en ella, a través del artículo 8 y siguientes, se articula el Comité del Patrimonio Mundial, formado, en origen, por 15 de los Estados Parte de la Convención[10]. Es el principal órgano responsable de la aplicación de la Convención de 1972 y, entre otros cometidos, destaca por su labor en la realización de la Lista de Patrimonio Mundial y de la Lista de Patrimonio Mundial en Peligro. Esta última se elabora siempre que las circunstancias así lo exijan y está conformada por el Patrimonio Mundial que se encuentre en serio peligro de ser dañado o destruido a consecuencia de ciertos fenómenos, entre los que se encuentran los conflictos armados (1972b, art. 11.4).

---

10 Actualmente se compone por 21 de los Estados Parte en la Convención, elegidos por el resto de Estados Parte, con un mandato máximo de seis años, renovándose periódicamente (MECD, 2015).

CAPÍTULO II.
EL PATRIMONIO CULTURAL SIRIO Y EL CONTEXTO DE SU DESTRUCCIÓN: LA GUERRA CIVIL (2011-2016)

La República Árabe de Siria, en frontera con Turquía, Líbano, Israel, Jordania e Iraq, ha desarrollado, en sus nada menos que 16 000 años de recorrido histórico, un papel clave para la historia de la humanidad. Y esto no solo porque en las orillas del río Éufrates que lo recorre se desarrollase el Creciente Fértil, fundamental en la revolución neolítica que permitió el paso del nomadismo al sedentarismo hace más de 9 000 años, sino también porque su ubicación estratégica entre Europa, Asia y África la convirtió en un enclave único en el que más de una treintena de civilizaciones lucharon a lo largo de la historia por su control. De ahí se infiere que fuera precisamente en este territorio donde surgiera uno de los primeros alfabetos, el cuneiforme, cuyas tablillas fueron custodiadas durante milenios en los archivos de las ciudades-estado de Ebla o Mari, o que se convirtiera en un escenario imprescindible para el desarrollo de las tres religiones monoteístas principales: el judaísmo, el cristianismo y el islam. Esta circunstancia también explica que allí se encuentren las ciudades permanentemente habitadas más antiguas del mundo, Damasco y Alepo, y que en su territorio se conserve uno de los pocos reductos donde se sigue hablando la lengua de Cristo, el arameo, en Malula.

Su esencia histórica multicultural le ha convertido en una reliquia patrimonial donde estructuras del quinto milenio antes de Cristo conviven con templos romanos, mezquitas ayyubíes y caravasares otomanos, todos perfectamente integrados en las caóticas ciudades modernas.

El patrimonio único e irremplazable de Siria ha sido reconocido por la Unesco en muchas ocasiones, integrando a seis de sus enclaves en la Lista de Patrimonio Mundial y reconociendo el valor universal de hasta otros doce, propuestos para su ingreso. En 1979 la ciudad vieja de Damasco era el primer casco antiguo en inscribirse, seguida en 1980 por la ciudad vieja de Bosra y el sitio de Palmira. Seis años más tarde lo hacía la ciudad vieja de Alepo y, ya en el siglo XXI, el conjunto del Crac de los Caballeros y *Qal at'Salah el-Din,* en 2006. Las aldeas antiguas del norte de Siria cerrarían la Lista en 2011, pocos meses antes del inicio del presente conflicto armado.

Junto a ellas, Apamea, Ebla, Ugarit, Malula, *Qasr al-Hayr al-Sharqi*, Tartus, Raqqa, las norias de Hama, la isla de Arwad, Mari y Dura Europos llevan propuestas desde el año 1999, las dos últimas unidas bajo la denominación de «sitios del valle del Éufrates», lo han vuelto a ser en 2011.

La brutalidad que demostró la guerra actual en sus dos primeros años motivó que la Unesco decidiera ingresar a los seis enclaves Patrimonio Mundial en la Lista de Patrimonio en Riesgo en 2013, pues el volumen de bienes dañados incluyó todos los mencionados, pese a ser Siria país signatario de la Convención de la Haya de 1954, como acabamos de ver.

I. El legado cultural de Siria: Patrimonio Mundial de la Unesco y reconocimiento internacional

La ciudad vieja de Damasco

Imagen 1. La ciudad vieja de Damasco. A la izquierda, el patio interior de la Gran Mezquita de Damasco; a la derecha, la puerta Bab Tuma, o Puerta de Tomás, que da acceso a la calle Recta y al barrio cristiano de Damasco (fuente: Wikimedia Commons).

Fue declarada Patrimonio Mundial en 1979 por ser uno de espacios permanentemente habitados más antiguos del mundo. Ha estado ocupada desde, al menos, el tercer milenio a.C., y su legado histórico y artístico, conservado en monumentos de excepcional valor simbólico y religioso, le ha dotado de rasgos identitarios y de cohesión social propios (Unesco, s.f.a).

Durante la Edad Antigua, Damasco se convirtió en un importante eje comercial en las rutas caravaneras que partían de Asia Oriental gracias a su posición entre Oriente y Occidente (Burns, 2005). Pero sería durante la Edad Media cuando alcanzase su máximo esplendor, como centro económico, cultural y artístico, al ser la capital del Califato omeya (661-750). En ese momento se construyó la mezquita de los Omeyas o Gran Mezquita de Damasco (v. imagen 1), uno de los templos de oración islámicos más antiguos y sagrados del mundo, al custodiar los restos de Juan el Bautista, en cuyo honor se había erigido anteriormente una iglesia bizantina (AAAS, 2014a). Junto a ella, palacios, *madrasas*, zocos y estructuras militares, como la ciudadela, construida en el siglo XII y conquistada por Saladino en 1174, del que también se conserva en la ciudad su sepulcro, se concentran en su casco antiguo, conocido como la ciudad vieja de Damasco (Unesco, s.f.a).

Damasco se yergue actualmente como un conglomerado cultural en el que los sucesivos habitantes dejaron su impronta: la ciudad sigue la orientación dada durante el periodo helenístico y su esquema urbano se basa en el plano hipodámico romano. De sus ocho puertas de acceso, destacan la *Bab Tuma* o puerta de Tomás, en alusión al apóstol que vivió en Damasco y que ha dado nombre al barrio cristiano, ordenado a través de la calle Recta a la que se hace referencia en el Nuevo Testamento (v. Imagen 1), que desemboca, a su vez, en la *Bab Sharqi* (la Puerta del Sol), la única puerta romana conservada.

La ciudad vieja de Bosra

Imagen 2. La ciudad vieja de Bosra. Vistas interior y exterior del teatro-fortaleza (fuente: derecha, Arian Zwegers, izquierda, Jerzy Strzelecki).

2. El patrimonio cultural sirio y el contexto de su destrucción

La antigua capital del reino nabateo y de la provincia romana de Arabia, Bosra, localizada en la gobernación de Daráa, al sur del país, es uno de los sitios históricos más importantes de Siria gracias a la excepcional conservación de algunos de sus bienes (Unesco, s.f.b). Entre ellos destaca su impresionante teatro romano, datado en el siglo II d.C., construido probablemente bajo el mandato de Trajano y célebre por ser uno de los mejor conservados del mundo (v. Imagen 2). Además, su capacidad para albergar hasta 15 000 espectadores lo convirtió en uno de los mayores del imperio (Segal, 1995).

El casco histórico de Bosra, más conocido como la ciudad vieja, conserva también elementos del periodo bizantino como la Catedral de San Sergio, del siglo VI d.C., cuya planta central proporciona un ejemplo excepcional de la evolución de las primeras iglesias (Unesco, s.f.b). Sería, sin embargo, a partir del 634, cuando alcanzase su máximo esplendor como uno de los principales puntos de la ruta hacia La Meca, momento en el que la ciudad llegó a albergar a 80 000 personas y su teatro fue transformado en fortaleza (AAAS, 2014a). De esta época destacan la *madrasa Mabrak al-Naqa*, como una de las más antiguas del mundo, o la mezquita *al-Omari*, del siglo I de la Hégira (Unesco, s.f.b). Bosra posee, además, un alto valor simbólico desde el punto de vista de la teología islámica, pues en ella se desarrolló uno de los episodios de la vida de Mahoma, a quien el monje cristiano Bahira vaticinó que se convertiría en profeta, cuando visitó la ciudad (Unesco, s.f.b).

De esta forma, Bosra se erige hoy como un museo al aire libre, cuya excepcionalidad fue reconocida por la Unesco en 1980, al ser declarada Patrimonio Mundial (Unesco, s.f.b).

El sitio de Palmira

Imagen 3. El sitio de Palmira. Arriba, vista general de las ruinas de Palmira, junto al oasis de Nafqa. Abajo, de izquierda a derecha: El templo de Baalshamin, el Tetrapilón y vista al amanecer de la Gran Columnata, en su estado de conservación en 2006 (fuente: imágenes de la autora).

En medio del desierto sirio, en la gobernación de Homs, surge el oasis de *Nafqa*, donde se sitúan las monumentales ruinas de Palmira (v. Imagen 3). Proclamada Patrimonio Mundial en 1980, fue uno de los centros comerciales y culturales más importantes de la Antigüedad, sobre todo tras convertirse en capital del Imperio de Palmira en la segunda mitad del siglo III d.C., durante el reinado de Zenobia (262-272) (Unesco, s.f.c), momento en el que la ciudad ya se constituía como un ejemplo único de armonía cultural con su arquitectura persa, helenística y romana (Burns, 2009).

Mencionada por primera vez en el II milenio a.c. en los archivos de la ciudad-estado de Mari, se convertiría en un importante centro comercial durante la dominación romana, como una estratégica parada en la Ruta de la Seda (Unesco, s.f.c). Sería parcialmente destruida por Aureliano (270-275 d.C.), reconstruida por Diocleciano (284-305 d.C.) y redescubierta a finales del siglo XVII (Burns, 2009), momento en el que comenzaron a ser estudiados sus impresionantes elementos artísticos.

Su Gran Columnata (v. imagen 3), la principal avenida de la ciudad, se extiende más de un kilómetro. El templo de *Baalshamin*, que toma el nombre de la deidad cananea a la que en un primer momento rindió culto, data del año 17 d.C., aunque la mayor parte de la estructura visible hasta hoy era del siglo II d.C. (ASOR, 2015a). Sus capiteles son un ejemplo de la influencia del arte egipcio en la época (Burns, 2009). Junto a este templo, el de *Bel* es el gran símbolo de la destrucción en Siria. Antes de su desaparición se alzaba como una de sus estructuras más excepcionales por su magnífico estado de conservación y por ser una de las construcciones religiosas más importantes del siglo I d.C. en Oriente Próximo (Burns, 2009). Por su parte, el Arco del Triunfo fue construido en época de Severo (193-211 d.C.) para conmemorar su victoria frente a los partos (Burns, 2009). Es único en el mundo porque a sus tres arcos se añaden dos más, uno en cada lado, girados 30º con respecto a su fachada frontal, y por tener una decoración ecléctica, mezcla romana y local, llamada palmiriense (Unesco, s.f.c).

La ciudad vieja de Alepo

Imagen 4. La ciudadela. En imagen, uno de los laterales de la ciudadela de Alepo, en el centro del casco antiguo de la urbe (fuente: Eusebius@Commons en Flickr).

Alepo rivaliza con Damasco por el título de la ciudad permanentemente habitada más antigua del mundo, al ser mencionada por primera vez, de nuevo, en los archivos de la ciudad-estado de Mari, en el v milenio a.C. (Mansel, 2016). Fue declarada Patrimonio Mundial en 1986 y por ella, al igual que por el resto de Siria, pasaron multitud de civilizaciones en busca del control de un territorio clave en las rutas caravaneras. Solo por citar algunos de sus ocupantes, Alepo ha estado dominada, de forma sucesiva, por los armi, los acadios, los hititas, los asirios, los persas, los griegos y los romanos; pero también por bizantinos y sasánidas. Ha estado bajo el control de los califatos rashidun, omeya y abasí, y fue dominada por los selyúcidas y los ayyubíes, e incluso por los mongoles y por el sultanato mameluco de Egipto (Mansel, 2016).

2. El patrimonio cultural sirio y el contexto de su destrucción

Su etapa de mayor esplendor la alcanzaría tras la anexión del territorio sirio al Imperio otomano, bajo Selim I, en 1516, cuando quedó establecida como una provincia o *elayato* del imperio, con Alepo como capital (Burns, 2009). De ahí que de sus más de 2000 bienes culturales (Heritage for Peace, 2014), la gran mayoría se correspondan con esta época.

El patrimonio cultural de Alepo es, por tanto, un conglomerado histórico fruto de su herencia multicultural, entre el que se cuentan: zocos como el *al-Madina*, datado en el siglo IV a.c., aunque la mayor parte de su estructura actual remonta al periodo otomano, reconocido a nivel internacional por ser el mercado cubierto más grande del mundo gracias a sus alrededor de 15 kilómetros de longitud; *madrasas* como la *al-Sarafiyah* que, según las fuentes, fue la primera construida en Alepo, en pleno periodo ayyubí en el siglo XIII, y célebre por su rica decoración a base de mocárabes (DGAM, 2015a); o *hammams* como el mameluco *Yalbougha an-Nasry* del siglo XV (DGAM, 2015a).

Sin embargo, los símbolos de la ciudad son otros, como la Gran Mezquita, conocida como *Umayyad* por haber sido construida durante el califato omeya, en el 715 d.C. Es una de las más antiguas del mundo y de las más sagradas por contener los restos de Zacarías, el padre de Juan el Bautista. Sin embargo, su aspecto actual más antiguo se remonta al 1090, cuando fue construido su minarete de 45 metros de altura (DGAM, 2015a). Asimismo, destaca sobre otros edificios históricos su ciudadela (v. imagen 4), cuyos primeros restos datan del I milenio a.C., si bien su aspecto actual corresponde a su reconstrucción en el siglo XIII (Unesco, s.f.d).

El Crac de los Caballeros y *Qal'at Salah el-Din*

Imagen 5. El Crac de los Caballeros y *Qal'at Salah el-Din*. Estado de conservación en 2007. Arriba, vista aérea del Crac de los Caballeros. Abajo, derecha, interior del Crac de los Caballeros, y abajo, izquierda, vista del Qal'at Salah el-Din. En el lateral derecho, una de las torres defensivas de la muralla del Crac de los Caballeros (fuente: de arriba-abajo, derecha-izquiera: Wikimedia Commons, imagen propia, David Holt en Flickr e imagen de la autora).

Ambas fortificaciones representan de forma excepcional la arquitectura militar de la época de las cruzadas en Oriente Próximo, hecho que fue reconocido por la Unesco inscribiendo a ambos enclaves en la Lista de Patrimonio Mundial en 2006.

El Crac de los Caballeros (v. imagen 5), estratégicamente ubicado en lo alto de una colina, es uno de los castillos mejor conservados del mundo. Su construcción se inició en el 1031, aunque su aspecto actual se corresponde con las reconstrucciones de los siglos XII, por la Orden Hospitalaria de San Juan de Jerusalén, y XIII, por los mamelucos (Guidetti y Perini, 2015).

Por su parte, el *Qal'at Salah el-Din* (v. imagen 5), conocido como el Castillo de Saladino, si bien peor conservado, también es un ejemplo único de la evolución de la arquitectura militar en esta región, manteniendo elementos bizantinos del siglo X, y de las reconstrucciones francas y ayyubíes de los siglos XII y XIII respectivamente (Unesco, s.f.e).

Las aldeas antiguas del norte de Siria

Imagen 6. Las aldeas antiguas del norte de Siria. A la izquierda, la basílica de Kharab Shams, en Jebel Zawiya. A la derecha los restos de la columna de san Simeón, en la iglesia-monasterio de san Simeón, en Jebel Seman 1 (fuente: Wikimedia Commons).

Conocidas como las «ciudades muertas», son una serie de 40 aldeas y villas de la Antigüedad tardía y el periodo bizantino que se extienden a lo largo del norte de las gobernaciones de Alepo e Idlib, conformando un mosaico cultural de alrededor de 700 bienes, integrados en un total de

8 parques arqueológicos: *Jebel al A'la, Jebel Barisha, Jebel Seman 1, 2 y 3, Jebel Wastani y Jebel Zawiya 1 y 2* (Guidetti y Perini, 2015; Unesco, s.f.f).

Construidas entre los siglos I y VII d.C. y abandonadas entre el VIII y el X, ingresaron en la Lista de Patrimonio Mundial en 2011 por su inusual conservación y por su excepcionalidad para mostrar la transición del mundo romano pagano al bizantino cristiano (Unesco, s.f.f).

Entre ellas, destacan: *Jebel Seman 1*, con la iglesia-monasterio de san Simeón donde, según la tradición, el santo pasó 37 años de vida contemplativa sobre una columna de 15 metros de altura (v. imagen 6) (AAAS, 2014a); *Kharab Shams* en *Jebel Zawiya*, una importante villa bizantina del siglo IV d.C. con un papel clave en la ruta caravanera de Antioquía a Apamea (v. imagen 6).

Apamea

Imagen 7. Cardo Máximo de Apamea. Vista del cardo máximo que cruzaba y articulaba la antigua ciudad (fuente: James Gordon en Wikimedia Commons).

Su impresionante cardo máximo recuerda que fue una de las ciudades más importantes levantadas por el Imperio seléucida en Siria. Fundada en torno al 301 a.C. como una de las cuatro ciudades erigidas bajo Seléuco I Nicátor, originalmente fue llamada *Pharnake*, aunque posteriormente tomaría el nombre de *Apameia* en honor a su mujer, Apama (Burns, 2009). Más tarde, la ciudad pasaría a control romano, pero de su primer periodo seléucida conserva estructuras tan impresionantes como parte de su muralla, que llegó a alcanzar los 7 kilómetros de longitud (Unesco, s.f.g). Su ágora, así como su teatro, uno de los más grandes de Siria, aunque peor conservado que el de Bosra, datan de la época más próspera de la ciudad, en torno al siglo II d.C., cuando posiblemente Trajano la mandó reconstruir, destruida tras el terremoto del 115 d.C. (Balty y Rengen, 1993).

El aspecto de su famosa avenida columnada (v. imagen 7), que conserva una longitud de hasta 1800 metros (en realidad el cardo máximo de la ciudad) se corresponde con los trabajos realizados bajo el mandato de Marco Aurelio (161-180 d.C.), aunque finalizados en el de Severo (193-211 d.C.) (Unesco, s.f.g).

Durante el periodo bizantino la ciudad siguió conservando la importancia militar del periodo romano, esta vez como capital de la provincia de Siria II. Los persas la incendiarían en torno al 573 y en 1106 caería en manos de los cruzados de Tancredo de Galilea, aunque en 1149 pasaría a manos de Nur al-Din (Unesco, s.f.g).

Apamea, que demuestra la magnificencia de la arquitectura romana en Oriente Próximo, fue propuesta para formar parte de la Lista de Patrimonio Mundial en 1999.

Ebla

Imagen 8. Palacio G o Placio Real, Ebla. Vista del Palacio G de Eba, sobre un cerro o tell (fuente: Gianfranzo Gazzeti).

La ciudad-estado de Ebla que, junto a Mari, revolucionó el entendimiento del desarrollo de los primeros grandes imperios gracias a sus más de 20 000 tablillas escritas en cuneiforme y guardadas cuidadosamente durante milenios en su archivo, es hoy un importante yacimiento arqueológico (v. imagen 8).

Habitada desde, al menos, el 3000 a.C., su importancia se plasmó no solo en su archivo, sino también en su extensión, siendo la ciudad de la Edad de Bronce más grande de Siria occidental. Su imponente edificación se rodeaba de una muralla que llegó a alcanzar los 30 metros de altura y que conserva hoy tramos de hasta 25; y que alojaba estructuras palaciegas realizadas en adobe, como el palacio real (v. imagen 8), punto desde el que se organiza la ciudad (AAAS, 2014b). Ebla, que tuvo dos grandes momentos de esplendor, uno a partir del 3000 a.c. y otro durante el II milenio a.c., conserva la mayoría de estructuras de esta segunda época, entre ellas el palacio real, la muralla y el archivo (Unesco, s.f.h).

El descubrimiento extraordinario de su archivo se produjo en 1974, casi diez años después del inicio de las excavaciones. En él, a parte de las miles de tablillas con información sobre la organización política y económica de la ciudad, o de sus relaciones comerciales con otros núcleos mesopotámicos, se encontró lo que se puede calificar como el primer diccionario de la historia (Unesco, s.f.h). Una serie de tablillas establecen la pronunciación y la transcripción fonética y al eblaíta de los signos cuneiformes y, junto a ellas, se descubrieron ocho listas de palabras en sumerio, la más larga con cerca de 1500, y otras con términos en sumerio, con sus equivalencias al eblaíta (Unesco, s.f.h).

Por su importancia para el conocimiento de la estructura política y económica de los primeros grandes imperios de Oriente Próximo, y por su relevancia desde el punto de vista de la investigación, la ciudad fue candidata a la Lista de Patrimonio Mundial en 1999.

Malula

Colgado entre varios cortados de montaña, a 165 metros de altura aparece el pueblo de Malula (v. imagen 9), uno de los últimos reductos donde el arameo sigue siendo la lengua materna. Situado en la gobernación de la Campiña de Damasco, a unos 55 kilómetros de la capital, en sus iglesias la misa se sigue dando en la lengua de Cristo, lo que le ha convertido en un reclamo religioso a nivel mundial como una reliquia más del cristianismo (Unesco, s,f.i). Malula también fue un importante refugio para los primeros cristianos perseguidos, como el caso de santa Tecla, que encontró auxilio aquí donde sus restos reposan hoy en uno de sus conventos.

Imagen 9. Malula. A la izquierda el convento de santa Tecla, que conserva los restos de la santa, ubicado en un abrigo rocoso. A la derecha, vista del enclave (fuente: Wikimedia Commons).

Por su tradición no es de extrañar que cuente con una gran variedad de templos religiosos cristianos, como el monasterio de san Sergio y san Baco, erigido en el siglo IV d.C. Junto a él, multitud de cuevas y abrigos habitados desde la prehistoria sirvieron a lo largo de los siglos como lugar de contemplación, y también como tumbas (Unesco, s.f.i).

Las norias de Hama

Hama es famosa en Siria por sus 17 norias de agua conservadas desde época bizantina (v. imagen 10). Construidas en madera, controlan el cauce del río Orontes y distribuyen el agua a acueductos, zonas de irrigación, parques, fuentes, palacios y mezquitas de la ciudad (AAAS,

2014b). Aunque se sabe de su construcción desde, al menos, el 469 d.C., las que actualmente se conservan datan del periodo ayyubí, reconstruidas parcialmente por mamelucos y otomanos.

Imagen 10. Noria ayyubí en la ciudad de Hama. En imagen, una de las 17 norias que controlan el cauce del río Orontes y distribuyen agua a la ciudad de Hama, en 2009 (Fuente: Wikimedia Commons).

Las norias, aún en uso, forman parte del paisaje urbano y de la identidad cultural de sus habitantes (Unesco, s.f.j). Además, a diferencia de otras, mantienen su funcionamiento tradicional, movidas por la fuerza hidráulica (Unesco, s.f.j). Son candidatas a la Lista de Patrimonio Mundial desde 1999.

Qasr al-Hayr al-Sharqi

Imagen 11. *Qasr al-Hayr al-Sharqi*. Vista exterior del recinto fortificado del Qasr al-Hayr al-Sharqi (Fuente: 3rik Albers).

Los sucesivos califas omeyas construyeron, a lo largo de su mandato entre el 660 y el 750, varios «castillos del desierto» como residencias privadas de ocio y caza (Guidetti y Perini, 2015).

Este es el caso del *Qasr al-Hayr al-Sharqi* (v. imagen 11), situado a unos 200 kilómetros de Damasco. El complejo, protegido por un gran recinto fortificado de 7 km², estaba formado por dos construcciones palaciegas, una de 160 m² y otra más pequeña, de 60. Ambas estructuras siguieron los patrones genéricos de otros castillos del desierto ubicados en Siria y Jordania, con un esquema cuadrado flanqueado por torres en sus laterales y ordenado en torno a un patio central (Unesco, s.f.k). Fue mandado construir por Hisham abd al-Malik entre el 728 y el 729 (Unesco, s.f.k) y fue propuesto para la Lista en 1999.

Raqqa

Imagen 12. Raqqa, la ciudad abasí. A la derecha, los restos de lo que fue la Puerta de Bagdad, hoy conservada parcialmente. A la izquierda, el mausoleo de Oueis, que alberga las tumbas de personajes sufíes importantes como Awais al-Qarni y Amar Ben Yaser (fuente: de izquierda a derecha: Lazhar Neftien y Wikimedia Commons).

Raqqa, propuesta para ingresar en la Lista de Patrimonio Mundial en 1999, es también conocida como la «ciudad abasí» por ser la segunda de las cuatro capitales del califato.

Llamada *Rafiqa* por sus actuales habitantes, fue en origen una fundación seléucida conocida como *Nicephorion*, que posteriormente pasó a ser dominada por los romanos como *Callinicum*, y por los bizantinos con el nombre de *Leontopolis*, aunque sería bajo la dominación abasí cuando se convirtiese en una importante ciudad, símbolo de la victoria frente a los omeyas (Unesco, s.f.l). En el 722 el califa al-Mansur ordenó la construcción de una nueva ciudad a imagen y semejanza de Bagdad, con la diferencia de hacerlo sobre un plano en forma de herradura, y no redondo, para no alterar el curso del río que circunda la ciudad, la confluencia del río Éufrates con uno de sus afluentes, el *Balikh* (AAAS, 2014b). El año 796 sería fundamental para la historia de la ciudad y del califato, pues el poderoso califa al-Rahid mandó trasladar la capital a *Rafiqa*, que floreció con la construcción de bellos palacios, mezquitas, zocos y caravasares (Unesco, s.f.l). La ciudad abasí, construida en barro cocido, fue prácticamente destruida en 1258 por los mongoles, razón por la que no se conservan la mayoría de las estructuras de este periodo. Ello no impide que parte de sus majestuosas ruinas hayan podido ser admiradas hasta la actualidad, entre ellas, la Gran Mezquita, el castillo *al Banat*, el palacio de al-Rashid o parte de la puerta de Bagdad (v. imagen 12). Raqqa también cuenta con un rico patrimonio de épocas posteriores muy significativo a nivel religioso y artístico, como los santuarios-mausoleos de *Oueis* (v. imagen 12).

Los sitios del valle del Éufrates

Propuesto para engrosar la Lista de Patrimonio Mundial en 2011 como conjunto paisajístico y arqueológico cultural. Está formado, principalmente, por los yacimientos de Mari y Dura Europos, y ambos enclaves ya habían sido propuestos por separado, en 1999.

También conocida como *Tell Hariri*, Mari es una antigua ciudad-estado de la Edad de Bronce situada en la orilla oeste del río Éufrates, muy cerca de la frontera con Iraq y al sur de Dura Europos. Fundada alrededor del 2900 a.C. en una posición estratégica para controlar las rutas que cruzaban el Éufrates hacia el Mediterráneo, Mari es, posiblemente, el yacimiento arqueológico que ha ofrecido la mayor cantidad de información para entender la historia entre el III y el II milenio a.C. en la región siriomesopotámica, es decir, para comprender el desarrollo de las primeras grandes civilizaciones (Unesco, s.f.m).

2. El patrimonio cultural sirio y el contexto de su destrucción

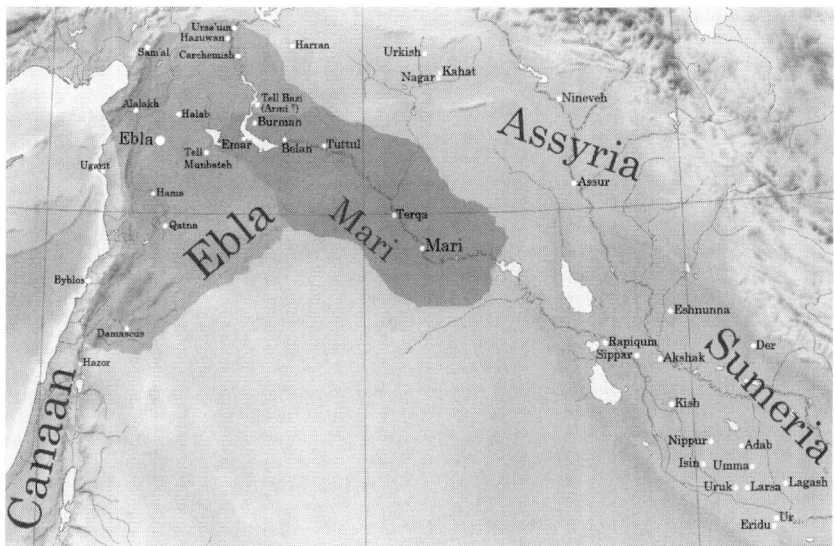

Imagen 13. Extensión de las ciudades-estado de Mari y Ebla en el reinado de Iblul II (fuente: Sémhur).

Desde su descubrimiento en 1933, las más de cuarenta campañas arqueológicas realizadas sobre su característico plano circular, que llegó a medir dos kilómetros de diámetro, han hecho resurgir la ciudad de adobe, desenterrando parte de sus esbeltos palacios, templos y archivos, correspondientes a uno de los últimos periodos de esplendor de la ciudad, en tiempos de Hammurabi de Babilonia. Sus archivos contuvieron durante milenios importante información sobre aspectos económicos, políticos y administrativos del reino y de sus relaciones con otros espacios mesopotámicos. Junto a ellos, el magnífico palacio de Zimri-Lim conserva aún hoy parte de las 300 habitaciones que llegó a tener en origen (Dalley, 2002).

Mari se posiciona, así, como un testimonio único de las dinámicas que marcaron a las primeras civilizaciones urbanas e ilustra los cambios arquitectónicos, sociales, económicos y políticos devenidos del rápido proceso de cambio de la vida rural a la urbana (AAAS, 2014b).

Dura Europos, por su parte, representa un ejemplo magnífico de la influencia helenística, parta y romana en un mismo espacio. Fundada alrededor del 303 a.C. por los seléucidas como una importante base militar, la ciudad sería construida en torno al 150 a.C., conservando, entonces, su carácter defensivo como posición adelantada para repeler los ataques enemigos. Ello no impidió que la ciudad fuese tomada por los partos en el 113 a.C., permaneciendo bajo su control durante tres siglos. Brevemente bajo poder romano entre el 115 y el 117 d.C., Dura Europos fue definitivamente abandonada alrededor del 256 d.C., tras un último sitio sasánida (Unesco, s.f.m).

Construida sobre un perfecto plano hipodámico, la ciudad llegó a cubrir un área de 140 hectáreas, presidida, a sus puertas, por una vasta necrópolis, y protegida por una gran muralla de 40 metros de altura, hoy conservadas parcialmente. Dura Europos es, además, un ejemplo del temprano desarrollo monoteísta en Siria, atesorando, entre otros templos, una casa reconvertida en capilla cristiana que custodia uno de los supuestos retratos más antiguos de Cristo, datado en el 325 d.C. (AAAS, 2014b). Junto a él, templos dedicados a diosas semíticas como *Nanaia*, y deidades griegas como *Zeus Kyrios*, conservan parte de su rica decoración (Perkins, 1973).

Dura Europos se mantiene, así, como una excepcional mezcla de las tradiciones culturales griega, mesopotámica, aramea, persa y romana.

Tartus y la isla de Arwad

Tartus, antigua colonia fenicia fundada en el II milenio a.C. bajo el nombre de *Antaradus*, fue conocida como «la Tortosa de ultramar» por su importancia durante las Cruzadas (Guidetti y Perini, 2015). La posición estratégica de su puerto la convirtió en uno de los bastiones más importantes contra los cruzados, que celebraron allí varias victorias contra los musulmanes (Unesco, s.f.n). De hecho, su posición hizo que fuera pasando a lo largo de la historia de manos cristianas a musulmanas de forma intermitente: en 1152 fue tomada por los templarios, muchas de cuyas estructuras fortificadas se conservan hoy, mientras que en 1181 fue conquistada por Saladino, hasta que en 1291 pasó, finalmente, a control otomano bajo el sultán Qala'um (Unesco, s.f.n).

La vecina isla de Arwad se constituyó en tiempos de las cruzadas como un escenario fundamental desde el que iniciar los asedios a Tartus, lo que explica su carácter fortificado (Unesco, s.f.ñ).

Tanto Tartus como Arwad fueron propuestas para entrar en la Lista de Patrimonio Mundial, por separado, en 1999.

Ugarit

El reino de Ugarit es conocido a nivel mundial por su puerto, *Ras Shamra*. Su periodo de máximo esplendor lo alcanzaría entre el 1800 y el 1200 a.C., cuando se convirtió en uno de los primeros puertos internacionales del mundo, conectando los antiguos imperios de la península Arábiga con los mediterráneos (AAAS, 2014b).

A diferencia de otros emplazamientos del Bronce como Ebla, Ugarit fue construido en piedra, lo que ha permitido que se conserve en mejor estado. Fue descubierto de forma fortuita en 1929 y entre sus ruinas destacan su muralla, varios templos y áreas residenciales, y un grandioso palacio construido entre los siglos xiv y xiii a.C. (Unesco, s.f.o). Al igual que Ebla, Ugarit también atesora un importante archivo.

El valor universal excepcional de las ruinas y los restos arqueológicos de Ugarit fue reconocido en 1999 siendo candidata a la Lista de Patrimonio Mundial desde entonces.

II. LA GUERRA CIVIL EN SIRIA (2011-2016)

El pasado 15 de marzo de 2016 se cumplió el quinto aniversario del inicio de la guerra civil en Siria. Las luchas por el poder entre los diferentes bandos, la acción de los aliados regionales y mundiales, la falta de consenso en los organismos internacionales que permitiese poner fin al conflicto y la acción de los grupos terroristas ha dejado, en 2016, un panorama desolador. La muerte, el exilio, las ruinas de lo que un día fueron grandes ciudades y la destrucción de su milenario legado histórico y cultural son hoy un hecho.

Origen y desarrollo del conflicto armado

El halo de las revoluciones prodemocracia que se habían extendido a lo largo del 2011 por el norte de África llegó a Daráa, una ciudad al sur de Siria, en marzo de ese mismo año, después de que dos adolescentes de 15 años fuesen arrestados y torturados por las autoridades sirias tras haber realizado unas pintadas con eslóganes revolucionarios en las paredes de un colegio (Galen, 2013). La población de Daráa se echó entonces a las calles exigiendo el fin de estas prácticas y el establecimiento de mayores libertades en el país, en forma de protestas pacíficas. La brutal represión iniciada el 15 de marzo de ese mismo año hizo, entonces, que las protestas se extendiesen por otras importantes ciudades como Hama, Homs y Damasco, y que en ellas lo que se pidiera fuera, ya entonces, la dimisión del Presidente Bashar al-Assad, cuya familia llevaba gobernando con mano de hierro desde que en 1970 su padre, Hafez al-Assad, diese un golpe de Estado (Perazzo, 2012). En julio de 2011 la revuelta ya se había extendido por todo el país y al-Assad, lejos de reorientar su respuesta y escuchar las reclamaciones de su pueblo, siguió empleando la fuerza armada para repeler cualquier tipo de disidencia. Ello derivó en la formación, a partir del tercer trimestre de 2011, de los primeros frentes armados anti al-Assad como el Ejército Libre Sirio (ELS) y otros, unidos bajo el Consejo Nacional Sirio (CNS), como principal fuerza de oposición, iniciándose los primeros apoyos internacionales a unos y otros bandos. Mientras que el CNS recibió de forma mayoritaria el de los gobiernos occidentales, Rusia, Irán y China, entre otros, se mostraron a favor de al-Assad (Perazzo, 2012).

Como consecuencia de la rápida escalada de la violencia y ante la falta de una efectiva respuesta internacional que pusiera fin al conflicto, las revueltas pronto degeneraron en una cruenta guerra civil entre el ejército sirio y los «rebeldes», en realidad un conglomerado de fuerzas antigubernamentales fragmentadas y enfrentadas entre sí, desde la rama moderada (formada por grupos pertenecientes al CNS) a la radical islamista (Sancha, 2016).

Durante el primer año de guerra los grupos rebeldes, con el apoyo de un gran sector de la población, se hicieron fuertes en las principales ciudades, tomando el control de Alepo, Hama, Homs, Damasco o Idlib. La superioridad de las fuerzas anti al-Assad se mantuvo, extendiéndose territorialmente, hasta el segundo y el tercer trimestre de 2012, cuando el gobierno desplegó las primeras grandes ofensivas con el objetivo de recuperar el control de las principales ciudades en manos de los rebeldes, iniciando bombardeos masivos aéreos y terrestres (Cembrero, 2012). Junto a ello, en 2012 la guerra ya había derivado en algo más que el enfrentamiento entre las fuerzas pro y antigubernamentales, tomando un fuerte cariz sectario con el enfrentamiento entre la rama suní, mayoritaria en Siria, y la chií alauí, minoritaria pero vigorosamente favorecida por el gobierno de forma histórica. Los kurdos también iniciaron entonces su propia cruzada para reconquistar el territorio del Kurdistán, erigiéndose como una nueva rama opositora al régimen. A ello se añadía, a mediados de 2012, la presencia de Hizbulá apoyando al gobierno, al tiempo que la franquicia de *Al-Qaeda* en Siria, *Al-Nusra*, llevaba operando en el país desde enero de ese año (Vox, 2015). No habiéndose cumplido el segundo aniversario del conflicto, este ya había adquirido escala regional con la entrada de Irán, del lado de al-Assad, y de Arabia Saudí, los países del Golfo Pérsico, Jordania y Turquía, de parte de los rebeldes, en forma de financiación y armas (Orbe, 2013).

En septiembre de 2013, la confirmación del uso de armas químicas sobre la población marcaba la internacionalización definitiva del conflicto, con la entrada de Estados Unidos y el inicio de ataques aéreos selectivos, al tiempo que Rusia reforzaba su apoyo institucional al gobierno (ONU, 2013; Radio Televisión Española [RTVE], 2016).

2. El patrimonio cultural sirio y el contexto de su destrucción

En el tercer aniversario de la guerra, el escenario había cambiado radicalmente no solo por su carácter transversal, sino también por la aparición en escena desde finales del 2013 del Dáesh que, lejos de combatir a al-Assad, comenzó a atacar sistemáticamente las posiciones rebeldes y kurdas al este y noreste del país, estableciendo en Raqqa la capital de su *califato*, en marzo de 2014 (Cockburn, 2015).

En septiembre de 2015, el gobierno, tras años en los que había estado perdiendo sucesivamente el control del territorio en favor de rebeldes y kurdos, aprovechó su debilitamiento por la acción del Dáesh, y con el apoyo de la aviación rusa, inició bombardeos contra posiciones rebeldes que, a su vez, estaban siendo apoyadas por Estados Unidos (Jordán, 2016). De esta forma, tras cuatro años de lucha armada, el conflicto sirio había derivado en una guerra de poder no solo entre los distintos grupos nacionales y regionales, sino también entre las potencias internacionales encabezadas por Rusia y Estados Unidos.

Desde la proclamación del Dáesh en Siria, el gobierno de al-Assad, apoyado por sus aliados, ha iniciado una guerra total en el territorio bajo la excusa de ser la única fuerza capaz, y la única alternativa para la población, frente a la brutalidad establecida en los territorios controlados por el Dáesh, si bien están en juego otros objetivos como el control de los importantísimos recursos naturales sirios (petróleo y gas) que actualmente se encuentran, en un gran porcentaje, en manos de este grupo (Jordán, 2016).

En el reciente quinto aniversario de la guerra, sus cifras son escalofriantes: alrededor de 370 000 personas[11] han perdido la vida, hay más de 6,6 millones de desplazados internos y aproximadamente 4,8

---

11 La cifra varía notablemente según la fuente consultada. Mientras que el Observatorio Sirio de Derechos Humanos estima la muerte de 273 530 personas, la ONG *Human Right*

millones de refugiados repartidos entre países vecinos como Turquía y Líbano, y europeos, según los datos ofrecidos por organizaciones como el Observatorio Sirio para los Derechos Humanos (SOHR), Amnistía Internacional y Acnur (SOHR, 2016; Amnistía Internacional, 2016; Acnur, 2015). Junto a ello, la sistemática destrucción de su legado cultural como consecuencia de los bombardeos, el intercambio de fuego, el uso militar de las instalaciones históricas o su propia destrucción intencionada, conlleva la irreparable pérdida de parte de la historia de la humanidad y, con ello, de nuestra conciencia histórica, cultural e identitaria, y más aún de la propia población siria, cuyo legado está, por el momento, desapareciendo de forma irremediable.

Como resultado, según estimaciones de la DGAM, hasta febrero de 2015, 758 bienes culturales habrían sido dañados en diversos grados de intensidad (DGAM, 2015a), tal y como se observa en el cuadro 1. En los próximos capítulos se abordarán las causas que han provocado su daño, y el impacto que ha tenido en el patrimonio. Además, a través de la información proporcionada por la propia DGAM y otras organizaciones dedicadas a la protección del patrimonio cultural, se actualizará esta información y se comprobará si el volumen de bienes culturales damnificados ha aumentado.

Watch, en consonancia con los datos aportados por el Centro Sirio para la Investigación Política, eleva la cifra hasta los 470 000 (*La Vanguardia*, 2016).

2. *El patrimonio cultural sirio y el contexto de su destrucción*

Cuadro 1. Patrimonio cultural dañado o destruido en Siria según gobernación, 2011-2015 (fuente: elaboración propia a partir de los datos de la DGAM, actualizados a febrero de 2015).

Gobernación	Bienes culturales dañados o destruidos
Alepo	280
Alexandretta	No hay datos
Al-Hasaka	46
Al-Suweida	0
Campiña de Damasco	14
Damasco	30
Daráa	77
Deir ez-Zor	83
Hama	21
Homs	114
Idlib	54
Latakia	2
Quneitra	20
Raqqa	15
Tartus	2
TOTAL	758

Principales ofensivas en las que el patrimonio cultural ha resultado dañado: el sitio de Hama, la ofensiva sobre Homs y la Batalla de Alepo. Dáesh y la ciudad de Palmira

Es precisamente en el contexto de las primeras grandes ofensivas del gobierno, en el segundo y tercer trimestre de 2012, cuando se iniciaron una serie de maniobras contra las principales ciudades controladas o disputadas por los grupos rebeldes. Estas ofensivas se caracterizaron por su brutalidad y por el establecimiento de estrategias que incluyeron, por primera vez en la guerra, el uso de la aviación, con los daños estructurales masivos que de su intervención se desprenden (Martínez, 2016). Junto a ello, los bombardeos indiscriminados, no solo contra población civil, sino también contra Patrimonio Mundial, han caracterizado estas ofensivas causando, con ello, daños masivos.

En el caso de Alepo, su milenaria situación estratégica ha vuelto a jugar un papel decisivo en la historia de Siria. Esta vez fruto de su peso económico y demográfico, al ser el corazón industrial y la segunda ciudad en volumen poblacional del país (Caretti, 2012). De hecho, según el criterio de analistas internacionales, como los que integran el SOHR, «si Alcpo cae, el régimen está acabado y los dos adversarios lo saben» (Morris, 2012, párr. 13), lo que motivó que el gobierno iniciase ataques masivos sobre ella a partir del segundo trimestre de 2012, dando lugar a la llamada batalla de Alepo, una de las más destructivas tanto a nivel humano como patrimonial. Por otro lado, para las fuerzas opositoras, moderadas o islamistas, su control es clave para hacerse con el dominio del norte del país, en frontera con Turquía (Martínez, 2012). Por eso, al inicio de la batalla el 28 de julio de 2012, muchos expertos en la materia, y el propio gobierno, la calificaron como «decisiva»[12] para el curso de la guerra, e incluso para su finalización. Y es que debido a la importancia crucial que para unos y otros tiene el control de la ciudad, en ella se ha desplegado todo tipo de armamento pesado, que no solo incluye la aviación, sino también los tanques y todo tipo de equipamiento militar de alto poder destructivo que, junto a los explosivos, han producido y están produciendo estragos en su patrimonio cultural.

Su etapa más violenta se produciría entre julio y octubre de 2012, recrudeciéndose entre mayo y octubre de 2013. Los meses de septiembre

---

12 El periódico sirio *al-Watan*, progubernamental, calificó a la batalla de Alepo como «la madre de todas las batallas» (Cembrero, 2012).

2. El patrimonio cultural sirio y el contexto de su destrucción

y octubre de 2012 resultaron nefastos para la protección del patrimonio cultural de la ciudad puesto que el principal escenario fue su casco histórico (AAAS, 2014a). Además, a finales de abril y comienzos de mayo de 2016 se informó del inicio de nuevos ataques sobre la ciudad, incluyendo el casco histórico (Huffington Post, 2016), lo que hace muy probable que en los próximos meses la cifra de patrimonio dañado aumente.

En el caso de Homs, la ciudad ha resultado gravemente damnificada como consecuencia del despliegue de operaciones militares en ella. Y es que la llamada «ciudad de la revolución», por haber sido una de las primeras urbes en levantarse pacíficamente contra la dictadura de Bashar al-Assad (Huffington Post, 2016), ha sido objeto de la segunda gran ofensiva del gobierno, al convertirse en uno de los principales puntos de apoyo de la CNS. Estos ataques, iniciados en junio de 2012, derivaron en el sitio de Homs, que se ha convertido, por el número de víctimas mortales[13], en el escenario más sangriento de la guerra. Esta ofensiva ha producido estragos en el patrimonio cultural no solo de la ciudad, cuyo casco histórico está parcialmente arrasado, sino de la provincia del mismo nombre, que actualmente contaría con más 100 bienes culturales dañados (v. cuadro 1), convirtiéndose así, tras Alepo, en el territorio con más daños patrimoniales (DGAM, 2015a).

Hama ya era famosa en Siria antes del presente conflicto por su bravura frente a la dictadura de los al-Assad y por su capacidad para recomponerse tras la llamada «masacre de Hama» de 1982[14]. En 2011 volvió a convertirse

---

[13] Hasta mayo de 2015 se registraron 12 000 muertos solo en la capital de la Gobernación (*The Daily Star Lebanon*, 2015).

[14] Tras el intento de golpe de estado protagonizado por los Hermanos Musulmanes en 1972 contra el entonces dictador Hafez al-Assad, padre del actual, Hama se convirtió en uno de los núcleos progolpistas más activos del país. En febrero de 1982 el gobierno inició una nueva estrategia con el fin de acabar con los reductos rebeldes, fomentando una política

en una de las principales áreas de conflicto abierto poco tiempo después de iniciarse las revueltas de Daráa, como represalia a las brutales acciones emprendidas por el régimen en la masacre. Sus famosas norias, que sobrevivieron a la primera ofensiva de 1982 y se convirtieron en símbolos del espíritu de sus habitantes[15], no han soportado, sin embargo, el segundo ataque masivo a la ciudad en apenas treinta años (ASOR, 2015c), iniciado en el segundo trimestre de 2012.

Finalmente, el caso de Palmira es radicalmente distinto a los tres anteriores. Mientras la destrucción del patrimonio cultural de Alepo, Homs y Hama ha sido producto del propio desarrollo de la guerra, en el caso de Palmira ha sido absolutamente premeditado. Como es sabido, la ciudad fue tomada por el Dáesh el 20 de mayo de 2015 y no fue recapturada hasta el 27 de marzo de 2016. Durante los diez meses que ha pasado en poder de este grupo, su patrimonio ha sido objeto de limpieza cultural, además de ser utilizado como herramienta propagandística a nivel mundial. Como resultado, sus bienes culturales han resultado gravemente dañados, cuando no destruidos.

---

de tierra quemada en la ciudad que tuvo como consecuencia su sitio y su bombardeo indiscriminado durante más de un mes, dejando la ciudad arrasada y una elevadísima cifra de muertos que varía entre los 5000 y los 10000 según la fuente consultada, pero también significó el fin definitivo del intento de golpe de estado en el país (Wright, 2008; Comité de los Derechos Humanos de Siria [SHRC], 2005).

15 De hecho, cuando se cumplieron 30 años de la masacre, en febrero de 2012, fueron pintadas para recordar aquel fatídico momento que, por otro lado, estaban volviendo a vivir (AAAS, 2014b).

CAPÍTULO III.
EL IMPACTO DE LA GUERRA EN EL PATRIMONIO CULTURAL SIRIO. EVALUACIÓN Y CUANTIFICACIÓN DE LOS DAÑOS (2011-2016)

I. EVALUACIÓN DE LOS DAÑOS POR CONJUNTO HISTÓRICO, MONUMENTAL O ARQUEOLÓGICO

La ciudad vieja de Damasco

Pese a ser la capital y uno de los principales núcleos demográficos y económicos, su centro histórico ha resultado menos castigado que otros de ciudades con una importancia similar, como los de Homs o Alepo. En 2016 se encuentra prácticamente bajo control del régimen y no está siendo disputada por bandos rebeldes, lo que ha permitido la ausencia de nuevos daños durante dicho año.

No osbtante, hasta 2015, según la DGAM, la ciudad vieja de Damasco contaba con treinta sitios dañados resultado de los combates en la ciudad. De nuevo, a diferencia de otras grandes ciudades sirias, ningún elemento patrimonial habría sido destruido, aunque una minoría se encontraría seriamente dañado y una gran parte lo estaría de forma moderada (DGAM, 2015a).

La mayoría de los daños causados a su patrimonio cultural habrían sido consecuencia del intercambio de fuego directo entre combatientes, la ocupación de emplazamientos históricos con fines militares y la falta de mantenimiento, de forma que este patrimonio habría resultado damnificado, principalmente, como daño colateral del propio desarrollo bélico en la zona. En este sentido es importante destacar que, en el contexto de las primeras grandes ofensivas del gobierno, durante el segundo trimestre de 2012, los bombardeos aéreos impactaron contra su patrimonio en una escala menor que en otras ciudades. Sin embargo, sí se registraron daños en algunas viviendas del barrio *al Midan*, situado al sur de la Gran Mezquita Omeya, cuyas estructuras databan, en muchos casos, de la época de dominación otomana (Cheikhmous, 2014). Asimismo, quedaron moderadamente damnificados museos como el de Caligrafía Árabe o el palacio de *Azm*[16], sede del Museo de Artes y Tradiciones Populares (Cheikhmous, 2014).

Edificios emblemáticos como la ciudadela o la Gran Mezquita Omeya tampoco resultaron ilesos de los bombardeos, coches bomba y choques bélicos producidos en 2014. En el segundo caso, el impacto de los proyectiles produjo el desprendimiento parcial del espléndido mosaico mural que adorna la Gran Puerta (Cheikhmous, 2014; v. anexo multimedia 1). La ciudadela también habría resultado damnificada en algunos elementos del patio interior, la fachada principal y ciertos tramos del muro exterior consecuencia, probablemente, del intercambio de fuego directo (UNITAR, 2014).

El barrio cristiano ha sido uno de los más deteriorados a lo largo de estos cinco años (UNITAR, 2014). El estudio de las imágenes satélite realizado por UNITAR (2014) reveló daños severos a una de las puertas de acceso, la *Bab Tuma*, mientras que la *Bab Sharqui* se encontraría posiblemente afectada por una explosión producida a principios de 2014, aunque las imágenes satélite utilizadas para constatar los deterioros no dejan claro su nivel de impacto. Como resultado de ello, también se habría dañado la

---

16 El propio edificio sigue las características del estilo tradicional damasquino. Data del 1750, es decir, del periodo otomano, cuando fue construido para ser la residencia oficial del gobernador de Damasco Assad Pasha al-Azm (Burns, 2005).

iglesia ortodoxa griega adyacente a la *Bab Tuma* y algunas fachadas de los edificios próximos al lugar (UNITAR, 2014).

El intercambio de fuego habría afectado, igualmente, a otras construcciones históricas relevantes. Los bombardeos del 5 de mayo de 2014 habrían dañado moderadamente la estructura y parte de la techumbre de la *madrasa Adiliye*, de finales del siglo XII y principios del siglo XIII, en la que se conservan los restos del hermano de Saladino (UNITAR, 2014).

Teniendo en cuenta el daño producido en el patrimonio cultural de otras ciudades importantes, como se verá, parece que, al menos por el momento, el legado cultural del casco histórico de Damasco no ha sufrido deterioros de gravedad, salvo por las excepciones mencionadas. Sin embargo, a la fecha de finalización de este estudio, la DGAM (2016a) informó del inicio de un incendio que habría arrasado parte de la ciudad vieja. El fuego, según la misma información, se habría originado por un cortocircuito en un área próxima al zoco histórico de *al-Assroniyah* y a la ciudadela. Como resultado, además de la destrucción de multitud de tiendas, parte de la techumbre del Banco *Othman*[17] habría colapsado. Por lo tanto, probablemente se eleve el número de elementos patrimoniales dañados en la ciudad vieja de Damasco en próximos informes.

Actualmente, a tenor de la información contenida en el inventario del anexo general 1, existirían 51 bienes culturales dañados de diversa intensidad, de los cuales 36 se encontrarían moderadamente damnificados y ninguno destruido. Para más información, véase cuadro 2 y anexo general 1.

---

17 Este edificio se caracterizaba por ser la sede del primer banco mandado construir en Damasco, en 1895, bajo el mandato del sultán Abdul Hamil II, en época de dominación otomana (DGAM, 2016a).

Cuadro 2. Evaluación y cuantificación de los daños en la ciudad vieja de Damasco, 2011-2016 (fuente: Elaboración propia a partir de DGAM, The Antiquities Coallition y UNITAR).

Daño	Patrimonio cultural de la Ciudad Vieja de Damasco							
	Mezquitas	Madrasas	Hammams	Zocos	Caravasares	Barrios	Otros	Total
Destruido								0
Serio	Khankiye Gran Mezquita Omeya Yalbougha					al-Hariqah	Bab Tuma Maristan al-Qaimaniye	6
Moderado	Hisham Manjak Samadiye al-Qadam al-Basrawi	Adliye Jaqmaqiyeh	Bakri Khanji Nawfia	Midhat Pasha	Khan al-Haramein Khan al-Zait	al-Amin ash Shaghour al-Hikr al-Hamrawi al-Midan Cristiano Al-Qanawat Sarouja	Beit Shirazi Ciudadela Estación al-Hejaz Centro cultural Martyr Zidane Edificio al-Hariqa al-Qabbani Edificio al-Abed Palacio de Azm Casa Ghazi Sinagoga Eliyahu Hanavi Old Seray Calle Malek Faysal Al-Karab Bab al-Barid Plaza Bab-Tuma	34
Posible		Qahiriye		al-Sabuniye al-Assroniyah	Khan Muridive Khan Suleiman Pasha		Beit al-Aqqad Bab al-Salaam Bab Sharqi Hadith al-Qalansiye Plaza Miskiyeh	10
Total	8	3	3	3	4	8	22	51

La ciudad vieja de Bosra

La gobernación de Daráa, donde se sitúa la ciudad vieja de Bosra, es una de las provincias donde más ha sufrido el patrimonio cultural de Siria. Según estimaciones de la DGAM (2015a), a fecha de 2015, 77 bienes culturales habían resultado dañados con diversa intensidad. De ellos, 18 se encontrarían en la ciudad vieja de Bosra (DGAM, 2015a).

Desde el inicio de la guerra civil, Bosra se ha convertido en un territorio estratégico para las fuerzas del régimen, pues es clave para cortar la conexión de los grupos rebeldes entre el desierto sirio y Jordania (Gil y Toscano, 2013). Por ello, ambas partes iniciaron maniobras para hacerse con su control. Desde el otoño de 2012, la ciudad vieja ha registrado daños de distinta intensidad en su patrimonio debido, fundamentalmente, a la acción directa o indirecta de los combates y el uso de artillería pesada (AAAS, 2014a). A estas acciones hay que añadir la presencia, desde inicios de 2013, de francotiradores rebeldes posicionados en el interior del teatro-fortaleza de Bosra (Gil y Toscano, 2013).

En la comparativa de imágenes satélite realizada por la AAAS (2014a) se aprecia, entre febrero de 2011 y abril de 2014, la aparición de varias construcciones militares como zanjas, barricadas, campamentos y otras estructuras en las inmediaciones de la ciudad vieja. Junto a ellas, como se puede ver en la imagen 14, en el teatro se vislumbra la construcción de una rudimentaria rampa sobre la escalera de acceso este, presumiblemente para facilitar la entrada de vehículos y los movimientos de los grupos armados que lo ocupan. A unos 150 metros al este del teatro, donde se localiza el semiexcavado anfiteatro de Bosra, también se aprecia la construcción de estructuras de uso militar, en este caso, una pista para vehículos (AAAS, 2014).

Imagen 14. Antes y después de la guerra en la ciudad vieja de Bosra. Febrero 2011-abril 2014. En la imagen izquierda se señalan con flechas amarillas los daños al teatro-fortaleza y anfiteatro de Bosra (fuente: AAAS en colaboración con DigitalGlobe).

Los bombardeos aéreos con TNT (Cheikhmous, 2014) realizados sobre el casco antiguo parecen haber afectado de una forma limitada a su patrimonio. En las imágenes satélite analizadas por la AAAS (2014a) se distingue la aparición de cráteres de distinto diámetro en la zona arqueológica de Bosra, lo que evidencia que, efectivamente, el área fue bombardeada con morteros (v. anexo multimedia 2). Entre las estructuras más dañadas destacan las mezquitas *al-Omari*[18], *Khider* y *Mabrak al-Naqa*[19] o el zoco histórico de la ciudad, todos ellos severamente dañados hoy. Junto a ellos, el ninfeo *al-Kolaibeh* (siglo II d.C.), también conocido como la «cama de la hija del rey», es la única estructura de la que, a día de hoy, se ha constatado su destrucción (UNITAR, 2014). En el primer trimestre de 2013 se produjo, además, el colapso de parte del muro este y del techo de la catedral de San Sergio, al ser afectado por el impacto de un obús (Cheikhmous, 2014).

---

[18] Datada entre el 720 y el 724 d.C. y reconstruida parcialmente en la primera mitad del siglo XII, es una de las mezquitas conservadas más antiguas del mundo (UNITAR, 2014).

[19] Importante desde el punto de vista de la teología islámica, al ser el lugar donde, tradicionalmente, se dice que fue depositado el primer Corán (Cheikhmous, 2014).

3. El impacto de la guerra en el patrimonio cultural sirio

Nuevos bombardeos a lo largo del año 2015 deterioraron aún más la catedral de San Sergio, la mezquita *al-Omari* y el palacio de Trajano (APSA, 2015a; v. anexo multimedia 3). A ello hay que sumar el bombardeo con barriles de TNT sobre el teatro-fortaleza por el régimen en junio de 2015, con el objetivo de expulsar a los rebeldes, pero que ha provocado daños severos en partes de la estructura (APSA, 2015b). Su estado actual puede verse en detalle en el anexo multimedia 4. Finalmente, en 2016 y a la fecha de finalización de este estudio, no se registraron nuevos daños en la ciudad vieja de Bosra.

Actualmente, 17 bienes culturales estarían dañados, 11 de forma moderada y 5 seria, al tiempo que en la gobernación de Daráa, donde se localiza Bosra, el volumen de patrimonio cultural dañado aumentaría hasta 74 bienes. Para más información, consúltese el cuadro 3 y el anexo general 1.

Cuadro 3. Evaluación y cuantificación de los daños en la ciudad vieja de Bosra, 2011-2016 (fuente: elaboración propia a partir de los datos de DGAM; Antiquities Coallition y UNITAR).

Daño	Patrimonio cultural de la Ciudad Vieja de Bosra				
	Mezquitas	Madrasas	Hammams	Otros	Total
Destruido				Ninfeo "cama de la hija del Rey"	1
Serio	al-Omari Mabrak al-Naqa Fátima			Catedral de San Sergio Palacio de Trajano	5
Moderado	Yaqout	Abu al Fida	Manjak	Anfiteatro Baños romanos Teatro-fortaleza Cementerio Monasterio de Bahira Comisaría de la Policía Piscina nabatea este Campamento romano	11
Posible					0
Total	4	1	1	11	17

El sitio de Palmira

El 20 de mayo de 2015 Siria volvía a convertirse en el centro de atención de la comunidad internacional debido a la toma de la histórica ciudad de Palmira por el Dáesh. El conjunto se convirtió en un rehén del grupo extremista, que lo ha utilizado como un medio más de propaganda mundial y como símbolo de la limpieza cultural que pretende imponer en el territorio (Harmansah, 2015). Diez meses después, el pasado 27 de marzo de 2016, Palmira volvía a ser noticia tras ser «liberada» por una coalición militar formada por las fuerzas del gobierno de Siria, Rusia, Irán y otros aliados internacionales (Institute for the Study of War [ISW], 2016). Desde entonces, prestigiosos grupos de investigación como el Comité Internacional del Escudo Azul[20] (ICBS) de la Unesco o los de la ASOR estadounidense[21] se han desplazado al terreno para cuantificar los daños a la milenaria ciudad.

Como ha sido mundialmente conocido, durante los meses de control de la ciudad por el Dáesh, numerosos bienes culturales, en algunos casos únicos, han sido destruidos deliberadamente. Expertos en la materia como Javier Jordán consideran que, con su destrucción, aparte de cumplir con la limpieza cultural implícita en su ideología radical, persiguen borrar las huellas del saqueo producidas en dichas estructuras, pues no hay que

---

20 A la fecha de finalización de este estudio, la Unesco informó de la llegada el 24 de abril de 2016 de una misión para estudiar el estado de conservación de la ciudad tras su control por el Dáesh durante casi un año. Para más información, véase: http://www.canalpatrimonio.com/la-Unesco-evalua-los-danos-en-palmira-para-trazar-plan-de-restauracion.

21 La American School of Oriental Research (ASOR) ha publicado en el último año varios informes especiales sobre la situación del patrimonio cultural de Palmira, el más reciente, titulado *The recapture of Palmyra*, fue emitido a finales de abril de este año tras haber realizado las primeras valoraciones sobre el terreno, después de la expulsión del Dáesh. Este es, hasta la fecha, el estudio más reciente sobre el impacto de la destrucción en el sitio de Palmira.

olvidar que el tráfico ilícito de objetos arqueológicos se ha convertido en una muy importante fuente de financiación para el grupo (Jordán, 2016). Junto a la destrucción intencionada, Palmira también se ha revelado como un daño colateral de la guerra, pues las grandes estrategias bélicas para expulsar al grupo del lugar arqueológico han producido, sin embargo, importantes daños en estructuras como su o su museo (ASOR, 2016a).

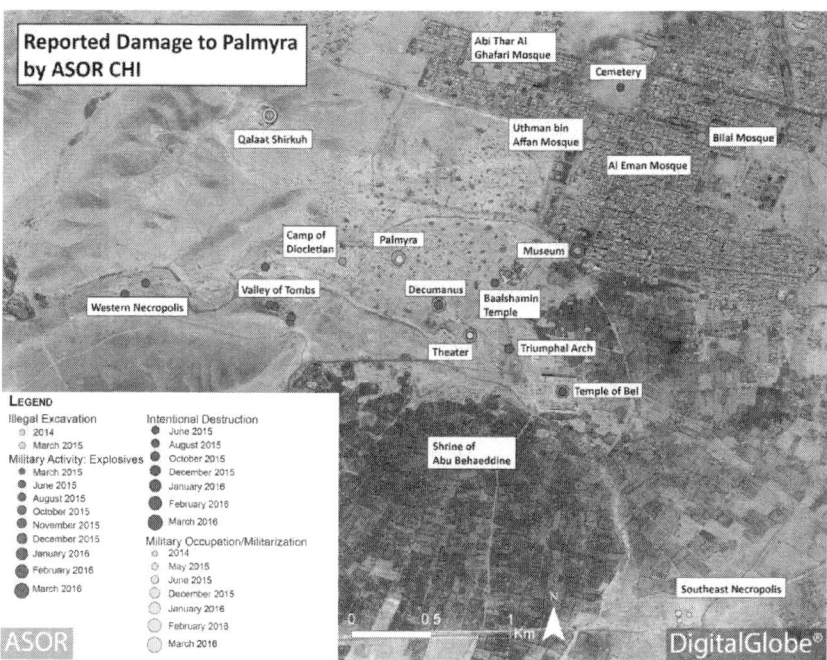

Imagen 15. Imagen satélite del sitio de Palmira, marzo 2016. En la imagen se señalan las áreas dañadas de 2014 a marzo de 2016 distinguiendo entre: excavaciones ilegales (azul turquesa), actividad militar (azul oscuro), destrucción internacional (rojo) y ocupación militar (amarillo) (fuente: ASOR).

Debido a la extensión de los daños y la imposibilidad de realizar un estudio detallado de cada bien cultural damnificado por cuestiones de espacio, solo se reseñarán los daños más severos a tenor de su estado de conservación anterior y posterior al control de la ciudad por el Dáesh.

En este sentido, hay que destacar la destrucción deliberada de cuatro bienes arqueológicos llevada a cabo por el Dáesh entre agosto de 2015 y marzo de 2016: el Arco del Triunfo, los templos de *Bel* y *Baalshamin* y varias torres funerarias, además de otras tumbas de las necrópolis oeste, sur y del Valle de las Tumbas (ASOR, 2016a). Todas estas estructuras siguieron patrones similares de destrucción, alojando dentro y alrededor de ellas explosivos (ASOR, 2016a).

En julio de 2015 los miembros del Dáesch colocaron dinamita en el templo de *Baalshamin* (v. Imágenes 15 y 16), detonándola hacia las 4 de la madrugada del 4 de agosto (ASOR, 2015a). El resultado fue la destrucción de la *cella* y el colapso de las columnas que la circundaban (ASOR, 2015a). Esta información fue confirmada vía satélite poco después (v. anexo multimedia 5), y ratificada por la misión de ASOR en abril de 2016 (ASOR, 2016a).

El Arco del Triunfo (v. imagen 16) fue detonado en octubre de 2016 y, según las imágenes publicadas (v. anexo multimedia 6), solo han quedado en pie las jambas (ASOR, 2016a). Como confirmó el director de la DGAM (2015b), los milicianos habrían colocado una semana antes una gran cantidad de explosivos alrededor y dentro del arco.

3. El impacto de la guerra en el patrimonio cultural sirio

Imagen 16. La destrucción del patrimonio cultural del sitio de Palmira por el Dáesh. De arriba-abajo, izquierda-derecha: el arco del triunfo tras ser destruido por el Dáesh; colocación de explosivos en el interior del templo de Baalshamin y destrucción de una de las torres del castillo de Palmira (fuente: de arriba abajo, izquierda-derecha: DGAM y APSA).

El templo de *Bel* (v. imágenes 15 y 16) fue destruido por el Dáesh en agosto de 2015, tras la colocación de 30 toneladas de explosivos en su interior (ASOR, 2015a). En septiembre, la desaparición total del templo se confirmaba vía imágenes satélite ofrecidas por Digitalglobe, como se puede observar en la imagen 17, donde se comprueba que solo algunas columnas y la puerta de acceso al templo siguen ahora en pie. En febrero de 2016 los restos que habían sobrevivido fueron alcanzados por los ataques aéreos de la coalición pro régimen, quedando destruidas tres columnas (Syrian Network for Human Rights [SN4HR], 2016).

Junto a estos daños, varios espacios funerarios fueron objeto de la destrucción intencionada del Dáesh. En el Valle de las Tumbas (v. imágenes 15 y 16), las torres funerarias de Juluis Aurelius Bolma, de la familia Banai, la tumba de Iamliku y la torre funeraria nº 71 fueron destruidas con anterioridad a septiembre de 2015, momento en el que las imágenes satélite permiten constatar su daño (ASOR, 2015a; v. anexo multimedia 7). Además, las torres funerarias de Bene Ba'a, Hairan Belsuri y la nº 65 resultaron seriamente damnificadas entre septiembre de 2015 y marzo de 2016, cuando las imágenes de Digitalglobe constataron el daño (ASOR, 2016a). La diferencia entre ambos conjuntos estriba en que, si bien los primeros habrían seguido la dinámica habitual, las registradas en marzo de 2016 parecen haber colapsado como consecuencia de otras acciones, aún sin determinar, según indica la ASOR en su informe especial sobre la situación de Palmira tras su liberación en marzo de 2016 (2016a). Por otro lado, en la necrópolis oeste (v. imagen 15), las tumbas de Elahbel, Kinthoth y Atenaten resultaron seriamente dañadas antes de septiembre de 2015, cuando queda constatado su deterioro, de nuevo, a través de las imágenes satélite (ASOR, 2016a; v. anexo multimedia 8). A ellas se sumó en marzo de 2016, la tumba nº 22. Todas ellas habrían sido intencionalmente destruidas por el Dáesh mediante la colocación de explosivos en su interior (ASOR, 2016a). Finalmente, varias de las tumbas situadas en la necrópolis sur (v. imagen 15) habrían sufrido saqueos sistemáticos desde agosto de 2014, momento en el que el yacimiento estaba controlado por el ejército oficial (ASOR, 2016a). El expolio habría continuado una vez bajo control del Dáesh, cuando también se habría producido la destrucción intencionada del templo funerario S103 (ASOR, 2016a).

3. El impacto de la guerra en el patrimonio cultural sirio

Imagen 17. Antes y después del Templo de *Bel*, en Palmira (Fuente: Digitalglobe para ASOR).

Colateralmente dañado habría resultado recientemente el *Qal'at Shirkuh*, más conocido como el castillo de Palmira, a consecuencia de los bombardeos aéreos rusos sobre la fortaleza, tomada por miembros del Dáesh, en marzo de 2016. El resultado ha sido la destrucción parcial de algunos muros (v. imagen 16). Además, miembros del Dáesh, antes de abandonarla habrían detonado explosivos en la entrada, quedando completamente destruida (ASOR, 2016a). Actualmente, la fortaleza se encuentra seriamente dañada.

Lo último que se sabe es que el 11 de mayo de 2016 ASOR emitió un informe especial sobre la situación en Palmira en el que confirmó, vía imágenes satélite y terrestres, la construcción de una base militar rusa en la zona arqueológica protegida de Palmira. Solo en próximos informes se podrá revelar el nivel de daños que esta construcción ha supuesto.

En la actualidad, 17 bienes culturales han quedado destruidos por la acción del Dáesh, al tiempo que otros 13 se encontrarían dañados, 8 de forma seria y 5 moderadamente. Ello arroja una cifra, a mayo de 2016, de 30 bienes dañados o destruidos en Palmira. Para más información véase el anexo general 1, el anexo multimedia 9 y el cuadro 4.

Cuadro 4. Evaluación y cuantificación de los daños en el sitio de Palmira, 2011-2016 (fuente: Elaboración propia a partir de los datos de DGAM, The Antiquities Coallition y UNITAR).

Daño	Patrimonio cultural del Sitio de Palmira					
	Templos	Tumbas	Necrópolis	Arcos y puertas de acceso	Otros	Total
Destruido	Bel Baalshamin S103	De Julius Aurelius Bolma De la Familia Banai Iamliku N°71 Elasa Bene Ba'a Hairan Belsiri N°65 Atenaten Elahbel Kithoth N°22		Arco del Triunfo	Castillo de Palmira	17
Serio			Norte Sur Oeste Valle de las Tumbas		Hotel Zenobia Museo de Palmira	6

3. El impacto de la guerra en el patrimonio cultural sirio

Daño	Patrimonio cultural del Sitio de Palmira					
	Templos	Tumbas	Necrópolis	Arcos y puertas de acceso	Otros	Total
Moderado		Taibul	Noroeste		Muralla sección norte	7
					Muralla sección sur	
		Artaban			Gran columnata	
					Teatro	
Posible						0
Total	3	14	5	1	7	30

La ciudad vieja de Alepo

Alepo ha jugado de nuevo, desde el inicio del conflicto en 2011, un papel decisivo para el devenir de Siria. A su histórica posición como nexo de comunicación se ha unido ahora su importancia geoestratégica y económica. Y es que Alepo se encuentra situada al norte del país, muy cerca de la frontera turca, donde varias coaliciones rebeldes tienen su base, además de ser un lugar destacado para el abastecimiento de recursos bélicos. También se encuentra en un lugar próximo a la costa mediterránea, con importancia desde el punto de vista internacional. Además, la ciudad está siendo utilizada por el régimen como un símbolo de resistencia contra los grupos que le intentan disputar el poder. Por todo ello, el control de Alepo es imprescindible.

Respecto a la destrucción del patrimonio, la fase más agresiva de la batalla de Alepo se desarrolló entre julio y octubre de 2012, recrudeciéndose de mayo a octubre de 2013. Los ataques masivos sobre el casco antiguo han producido, según varios estudios de la AAAS (2013, 2014a, 2014b), su destrucción parcial, con grandes áreas históricas arrasadas. Los escombros y las estructuras ruinosas se amontonan como resultado de los combates y de la falta de mantenimiento de vestigios que se remontan hasta el v milenio a.C. Los daños más serios parecen situarse en la zona al sur de la ciudadela, donde se da una mayor concentración de monumentos históricos.

El estudio de las imágenes satélite permite evidenciar gran parte del daño a los bienes culturales inmuebles de la ciudad vieja. Solo durante el primer año de guerra resultaron dañados 34 zocos, de los cuales 11 habrían quedado destruidos (UNITAR 2014). En septiembre de 2012 se registró el inicio de un gran incendio en el famoso zoco *al-Madina*, producido, según las fuentes, por el intercambio de fuego directo en su interior, dando lugar a la desaparición de unas 1500 tiendas, y al colapso de una sección de la techumbre de cerca de 45 metros de largo por 30 de ancho (EFE, 2012). Vídeos como el que se muestra en el anexo multimedia 10, confirmaron estos daños.

Los símbolos de la ciudad también se han visto afectados. La ciudadela está siendo utilizada como bastión del ejército oficial (Nakasis y Lianos, 2015). Además, la explosión de varias bombas subterráneas en las inmediaciones el 11 de julio de 2015 provocaron daños severos en su muro noreste, como muestra el anexo multimedia 11 (ASOR, 2015b). El SOHR adjudicó la autoría al ejército del régimen, mientras que la *Sirian Arab News Network*, apuntó a *Al-Nusra*, que también busca el control de la zona (ASOR, 2015b). En noviembre otra explosión afectó a la entrada (DGAM, 2015c). Recientemente, la DGAM publicó imágenes sobre el estado actual de la ciudadela, constatando la severidad de los daños[22].

Respecto a la mezquita *Umayyad*, sufrió especialmente entre el 1 de marzo y el 26 de mayo de 2013. El 24 de abril su minarete colapsó, como se aprecia en el anexo multimedia 12. No hay un origen claro de su

---

[22] Para acceder a las imágenes, véase: http://dgam.gov.sy/index.php?d=314&id=1903.

destrucción, ya que mientras que unas fuentes apuntan a su uso prolongado como blanco de tiro, otras lo atribuyen a la acción intencionada de *Al-Nusra* (BBC, 2013; AAAS, 2014a).

Siguiendo con los daños a esta mezquita, el estudio comparativo de imágenes satélite realizado por la AAAS (2014a), alertó de los daños en su muro exterior este y en la parte superior del muro exterior norte, donde se localizaba, precisamente, una biblioteca con manuscritos únicos para la teología islámica (UNITAR 2014a) y que, a la luz de las imágenes, parece haber quedado destruida.

La evolución de los daños a la mezquita y al zoco *al-Madina* entre el 6 de diciembre de 2011 y el 14 de julio de 2014 son visibles en la imagen 18. En la imagen inferior las flechas rojas señalan la destrucción del minarete, las azules los daños al muro norte, la verde los producidos en el zoco y las amarillas los correspondientes a las estructuras adyacentes. Más recientemente, el 28 de enero de 2015, se registró la explosión de una bomba subterránea cerca de la Gran Mezquita que causó graves daños, de nuevo, al muro exterior este y a su biblioteca (DGAM, 2015d).

Al sur de la ciudadela se localizaban importantes centros políticos y administrativos, en muchos casos establecidos en edificios históricos que también han resultado afectados. El *Grand Serail,* sede gubernamental principal de la ciudad durante el Mandato francés (Hadjar, 2000), era un magnífico ejemplo del estilo neosarraceno del país, pero ahora está parcialmente destruido debido al impacto de un proyectil. Del mismo modo, el edificio del siglo XIX que hasta ahora era utilizado como sede del hotel *Carlton Citadel*[23] se encuentra completamente destruido. Al parecer

---

[23] Construido en 1890, fue, por largo tiempo, el hospital principal de la ciudad. En 2010 fue reconvertido en hotel (Hadjar, 2000).

fue volado en mayo de 2014 por *Al-Nusra*, que habría colocado cargas explosivas bajo el edificio, provocando una explosión de tal magnitud que habría arrasado los edificios adyacentes, como muestra el anexo multimedia 13.

En la imagen 19 se puede medir la evolución de los daños en estas estructuras entre el 6 de diciembre de 2011 y el 10 de agosto de 2014: tal y como apunta la AAAS (2014a), en esas fechas apareció un gran cráter de 40 metros de diámetro que se correspondería con la mezquita *Khusriwiye* (señalada con una flecha verde en la imagen 19 inferior), y un segundo cráter del mismo diámetro donde debería estar el ala este del *Grand Serail* (flecha naranja, imagen 19 inferior). Los rectángulos rojos y amarillos señalan, respectivamente, el antes y el después del Hotel Carlton Citadel y su zona adyacente. Por último, también se distinguen graves daños en la cúpula principal del *hammam Yalbougha an-Nasry* (flecha morada, imagen 19 inferior), en este caso como consecuencia del intercambio de fuego directo en su interior y por la propia falta de mantenimiento de un edificio del siglo xv (ASOR, 2015b).

Respecto a la zona al norte de la ciudadela, donde se conservaban multitud de edificios desde época mameluca, las imágenes satélite de Digitalglobe para la AAAS (2014a) y UNITAR (2014) también revelan serios daños. Así hoy, del famoso caravasar *Khan Qurt Bey*, solo quedan ruinas.

Junto a estos deterioros, a finales del año 2015 se informó de daños en otras estructuras como la mezquita *al-Hamandar* o la iglesia de los Cuarenta Mártires, que quedó seriamente afectada después de la detonación de dos bombas subterráneas sobre la *Bab al-Qasab*, a finales de abril (DGAM, 2015g).

3. El impacto de la guerra en el patrimonio cultural sirio

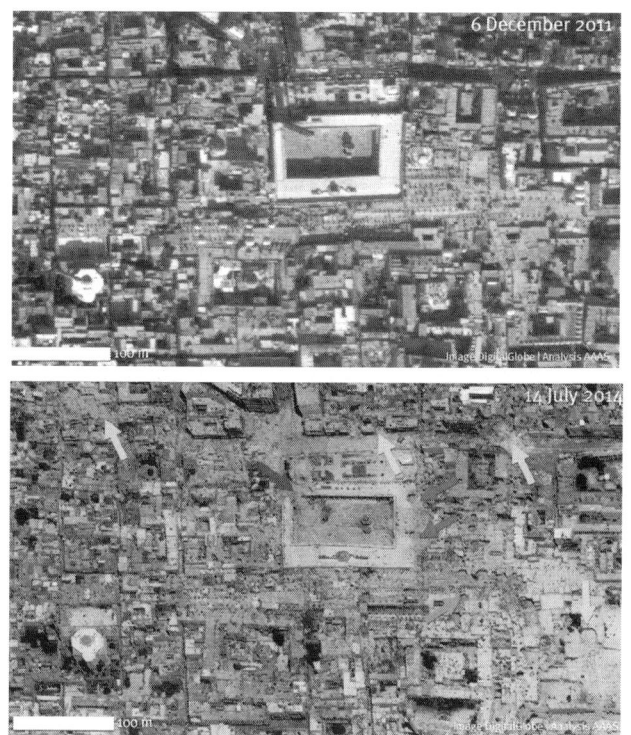

Imagen 18. Daños a la Gran Mezquita de Alepo y su zona adyacente entre 2011 y 2014. La imagen superior fue tomada el 6 de diciembre de 2011, mientras que la inferior corresponde al 14 de julio de 2014 (Fuente: elaboración propia a partir de las imágenes de DigitalGlobe para AAAS).

Imagen 19. Daños a la zona al sur de la ciudadela de Alepo, 2011-2014 (fuente: Elaboración propia a partir de las imágenes de AAAS).

Por último, en 2016 no se han registrado, aún, daños importantes en su patrimonio cultural, si bien son datos provisionales a la espera de información que permita constatarlos, ya que el inicio de nuevas hostilidades en las inmediaciones hace que, con toda probabilidad, se produzcan nuevas destrucciones. La cadena de televisión *France 24* ha emitido a principios de año un reportaje (que puede verse en el anexo multimedia 14) en el que muestra cómo ha quedado la ciudad vieja tras años de conflicto armado.

En la actualidad, la ciudad vieja de Alepo es el conjunto histórico que más daños ha sufrido como consecuencia de la guerra, con 233 bienes culturales dañados en distintos grados de intensidad. De ellos, 53 estarían totalmente destruidos, 46 se encontrarían en grave estado de conservación y hasta 109 tendrían daños moderados. A ellos hay que añadir otros 25 bienes cuyo nivel no ha sido posible estimar. Para más información, véase el anexo general 1.

El Crac de los Caballeros y *Qal'at Salah el-Din*

El Crac de los Caballeros ha vuelto a recuperar en la guerra civil su función histórica, la de fortaleza defensiva, al haber sido ocupada por milicianos contrarios al régimen desde, al menos, mayo de 2012 (AAAS, 2014a). En julio de ese año el también llamado *Qal'at Hosn* fue tomado por el ELS y no fue recuperado hasta el 20 de marzo de 2014 (BBC, 2014). Ello derivó, por un lado, en la presencia de hombres armados dentro del recinto durante más de un año y medio y, por otro, en el intercambio de fuego entre estos y las fuerzas del ejército sirio. El régimen, en aras de recuperar el control del lugar, realizó desde el verano de 2012 ataques aéreos y terrestres, con los daños masivos a la estructura medieval que de estas acciones se desprenden (Guidetti y Perini, 2015).

El estudio de las imágenes satélite realizadas por AAAS (2014a) y UNITAR (2014) corroboraron el deterioro masivo de la estructura desde julio de 2012, cuando se efectuó el primer bombardeo, hasta marzo de 2014, fecha del último. Las consecuencias de los ataques de julio de 2012 y de los producidos en enero, mayo, julio (este último durante el sitio de Homs), octubre de 2013 y marzo de 2014 se aprecian en las imágenes satélite de agosto de 2014, con la aparición de grandes zonas de escombros, cráteres y derrumbes.

Entre las damnificaciones más importantes, cabe citar las producidas en las torres defensivas norte, sur, de los caballeros, del rey al-Zahir Baybars y de entrada.

Estos datos pueden completarse con la investigación realizada sobre otro tipo de soporte multimedia que atestigua la destrucción de bienes culturales en el Crac a nivel de suelo. Las fotografías aportadas por asociaciones como APSA permiten constatar la gravedad de los daños en la «sala de los caballeros», en la que las imágenes satélite atestiguaban la aparición de un cráter en su tejado. Estas fotografías han revelado daños graves que no se apreciaban vía satélite, como el colapso parcial de su muro interior y de varios arcos. Asimismo, atestiguan el derrumbe de varios pasillos. Como se puede ver en el anexo multimedia 15, estas fotografías también constatan el impacto de artillería en el interior del recinto, lo que corrobora la existencia de ataques dentro de la fortaleza, y no solo aéreos. En este sentido, algunos vídeos han revelado la autoría de estos bombardeos, obra, efectivamente, del régimen (v. anexo multimedia 16B).

Desde su recuperación en marzo de 2014 no se han producido daños militares en la fortaleza. Sin embargo, el estudio de diversos vídeos publicados por medios de comunicación (v. anexo multimedia 16A) o por testigos locales, evidencian deterioros de origen no militar, como la aparición de vegetación en su interior y entre los sillares que está produciendo desprendimientos y grietas en la estructura, resultado de la falta de mantenimiento. Por fortuna, ya han comenzado las labores de reconstrucción (DGAM, 2015a).

Finalmente, el *Qal'at Salah el-Din* no ha sufrido daños reseñables (AAAS, 2014). Así, a fecha de mayo de 2016, 11 elementos del Crac de los Caballeros habrían sido gravemente damnificados. Para más información, véase el inventario del anexo general 1.

Las aldeas antiguas del norte de Siria

La magnitud de esta área, formada por unos 700 inmuebles repartidos entre 8 parques arqueológicos, integrados por más de 40 sitios protegidos (Guidetti y Perini, 2015), repartidos entre las gobernaciones de Alepo e Idlib, dificulta un estudio detallado de cada uno. Por esta razón, se ha establecido una ponderación general del estado actual de la zona, categorizando los factores principales de destrucción e indicando los espacios arqueológicos más afectados, señalando sus causas y consecuencias.

Los problemas principales de estas aldeas, las «ciudades muertas», son:
- *Su ocupación*, por grupos armados, pero también por civiles. Los parques arqueológicos que integran las aldeas se encuentran en especial

3. *El impacto de la guerra en el patrimonio cultural sirio*

riesgo por estar situados en áreas próximas a las zonas de combate, especialmente duro en esta zona. La lucha está siendo señaladamente cruenta en *Bab al-Hawa*, que se ha convertido en una de las principales zonas de abastecimiento de material bélico y que se encuentra muy próxima a *Jebel Barisha* (AAAS, 2014a). La ocupación militar de este espacio ha supuesto el deterioro de algunas zonas arqueológicas, bien por el intercambio de fuego, bien por la reutilización de material para la construcción o bien por la edificación sobre él de nuevos espacios militares. Respecto a la ocupación civil de los espacios arqueológicos, es resultado del asentamiento de desplazados internos en espera de poder cruzar la frontera turca, muy próxima. Este fenómeno, en opinión de investigadores como Guidetti y Perini, se produce por la sensación de «mayor seguridad» que proporcionan los yacimientos, lo que unido a su falta de vigilancia actual y a su magnífico estado de conservación, los ha erigido como espacios propicios para resguardarse de la acción bélica y de las inclemencias meteorológicas (2015, p. 27). Pero su ocupación ha generado daños colaterales para los restos históricos, de menor intensidad que los producidos por los combates, pero sin duda tampoco desdeñables. Entre estos, destacan el encendido de hogueras, la reutilización de material arqueológico para la edificación de nuevas estructuras (tanto con fines habitacionales como de abastecimiento) y el establecimiento de huertos o establos (Guidetti y Perini, 2015). Entre las zonas más afectadas se encuentran *Jebel Zawiya*, *Jabal Wastani* o *Sura* situadas al norte de la gobernación de Alepo (Guidetti y Perini, 2015).

- *Su saqueo*, que constituye uno de los problemas más graves y más difíciles de controlar y solucionar. La falta de vigilancia de estas zonas está propiciando el aumento de excavaciones ilegales tanto desde el ámbito militar como desde el civil con el objetivo de conseguir financiación. El caos provocado por la guerra ha impulsado a muchas familias a encontrar en la sustracción de material arqueológico un medio de subsistencia. Para los militares, los beneficios de la venta de este material constituyen una fuente más con la que comprar material bélico (Yates, 2016).

En el caso de *Jebel Barisha*, el origen de su destrucción parcial reside en su utilización, al menos desde principios de 2013, como almacén militar por distintas facciones rebeldes (AAAS, 2014a). Su proximidad a la frontera turca le ha convertido en un lugar idóneo para almacenar material bélico importado desde el país vecino. Su utilización castrense también ha derivado en la construcción de estructuras sobre el yacimiento arqueológico, como se aprecia en la imagen 20. A ello se suma el daño a dos estructuras patrimoniales en el sitio de *Dar Qita*, donde parte de las ruinas fueron demolidas para permitir la construcción de una carretera (AAAS, 2014a; v. imagen 20). Como resultado, en el año 2013 la AAAS registró un tiroteo en la zona arqueológica que habría dañado de distinta intensidad varias estructuras históricas (AAAS, 2014a).

Al uso militar de los parques arqueológicos de *Jebel Seman* 1, 2 y 3, en este caso también se añade su función como refugios para civiles (AAAS, 2014). En *Jebel Seman* 1, las imágenes satélite analizadas por la AAAS (2014a) permiten observar la construcción de campamentos en la iglesia-monasterio de san Simeón y en *Refade* (v. anexo multimedia 17). Mientras, en *Jebel Seman* 2 se aprecia la construcción de edificaciones dispersas en un radio de unos 80 km^2. En esta área arqueológica se aprecia igualmente la aparición de agujeros en el suelo, lo que señala la existencia de saqueos.

3. El impacto de la guerra en el patrimonio cultural sirio

Imagen 20. Militarización del yacimiento *Jebel Barisha*, febrero y agosto 2014. Construcción de un campamento (izquierda) y de una pista para vehículos militares (derecha) (Fuente: AAAS).

Por último, en el caso de *Jebel Zawiya,* el recurso fundamental para la evaluación y la cuantificación de sus daños ha sido la fotografía a nivel de suelo, que muestra su utilización como refugio para civiles.

Para finalizar con el estudio de los daños al patrimonio cultural de las aldeas antiguas del norte de Siria, cabe decir que desde principios del año 2015 el ejército sirio, en colaboración con la aviación rusa, está bombardeando la zona para acabar con los almacenes de armas y los puestos militares insurgentes. En este sentido, nuevos informes reseñan la destrucción del patrimonio de esta área[24], detallando los intensos daños de *Dar Qita*, en *Jebel Barisha* y de *Jebel Seman*. De hecho, el 12 de mayo de 2016, ASOR y APSA informaron de un bombardeo de la aviación rusa sobre la iglesia-monasterio de san Simeón. Según las primeras informaciones,

---

24 Como los de ASOR, realizados entre febrero y noviembre de 2015, y que se pueden

habría arrasado la zona monumental y, a la luz las imágenes, su famosa columna habría quedado destruida, como se ve en el anexo multimedia 18. Para más información, véase el inventario del anexo general 1.

Apamea

Esta impresionante ciudad grecorromana ha sido, junto con Dura Europos, Mari y Ebla, el espacio histórico más devastado como consecuencia de las excavaciones clandestinas y el saqueo. Además, como se verá, al igual que en el caso de Ebla, el robo de material arqueológico es aún más terrible en esta zona teniendo en cuenta que está ocupada por el ejército oficial, cuya misión prioritaria en el territorio es la custodia del legado cultural del país frente a posibles factores exógenos de destrucción (Casana y Panahipour, 2014).

Apamea está siendo sistemáticamente expoliada desde 2011, si bien registró sus peores daños entre abril de 2012 y mediados de 2013. El inicio del expolio masivo coincide, además, con la llegada de las tropas a la zona, lo que presupone, según Casana (2015), no solo la omisión de sus obligaciones de vigilancia, sino que hace sospechar de su posible lucro, al permitir las excavaciones ilegales, bien como cómplices, bien como protagonistas del expolio. De hecho, la zona más castigada por los saqueos y la construcción de pozos clandestinos, ha sido, precisamente, donde se localizaban las guarniciones del ejército, al este y el noreste del yacimiento (Casana, 2015). La organización APSA, por su parte, va mucho más allá al alegar la existencia de un acuerdo de cooperación entre las autoridades sirias y los saqueadores, de forma que la presencia de tropas en el yacimiento no sería para protegerlo, sino para asegurar su parte de ganancias.

---

consultar en el siguiente enlace: http://www.asor-syrianheritage.org/weekly-reports.

3. El impacto de la guerra en el patrimonio cultural sirio

A día de hoy, con una simple búsqueda de Apamea en bases de mapas satélite como Google Maps, cualquiera puede apreciar la masiva aparición de pequeños puntos a lo largo de todo el yacimiento, con especial insistencia en el área que recorre el cardo máximo. Estos puntos se corresponden con enormes agujeros, pozos excavados a lo largo de los diferentes niveles arqueológicos para extraer piezas que posteriormente son vendidas en el propio país o en territorios vecinos como Líbano o Turquía (v. anexo multimedia 19). Para entender la magnitud del expolio, basta señalar que solo hasta abril de 2013 más de 5000 pozos habían sido excavados (Yates, 2016).

Sin embargo, el expolio no ha sido la única causa de pérdida patrimonial en Apamea. Su ocupación militar y el desarrollo de actividades armadas, junto con el propio abandono del lugar, han provocado derrumbes en algunas estructuras del recinto. Según APSA (ASOR, 2015b), la presencia de tanques y la construcción de zanjas y estructuras militares a partir de material arqueológico habrían empeorado aún más la situación del yacimiento. La ocupación militar habría continuado en 2014, a la luz de varios vídeos publicados por dicha organización en septiembre de ese año, en los que se aprecia el posicionamiento de vehículos blindados y campamentos militares al norte del yacimiento (v. anexo multimedia 19).

Por último, en agosto de 2015 la HPI (2015), en el marco de su proyecto *The Day After*, publicó un informe en el que confirmaba el daño a otras estructuras de Apamea durante el último trimestre de 2015, entre ellas, su teatro. Además del saqueo, corroboraba la degradación del yacimiento como consecuencia de la falta de mantenimiento, provocando, entre otros daños, el colapso de algunos tramos del cardo máximo.

En la actualidad Apamea contaría con 20 bienes culturales dañados. De ellos, 11 se encontrarían en grave estado de conservación con lo que, de no tomar medidas efectivas pronto, en los próximos meses podrían acabar destruidos. Para más información véase el anexo general 1 y el cuadro 5.

Cuadro 5. Evaluación y cuantificación de los daños en Apamea, 2011-2016 (fuente: elaboración propia a partir de los datos de DGAM; Antiquities Coallitionny UNITAR).

Daños	Patrimonio cultural de Apamea				
	Calzadas	Baños	Villas romanas	Otros	Total
Destruido					0
Seriamente dañado	Cardo máximo, sección norte / Cardo máximo, sección sur	De L. Julius Agrippa Norte	Casa del acueducto	Ágora romana / Muralla, sección oeste / Catedral este / Mercado romano / Tell Jifar / Templo de Tycheion	11
Moderadamente dañado			Casa de Consdes / Casa de Pilasteis	Iglesia del Atrio / Puerta de acceso norte / Qal'at al-Madiq / Iglesia redonda / Teatro romano	7
Posiblemente dañado				Mezquita otomana / Museo	2
Total	2	2	3	13	20

Ebla

Ebla es otro de los espacios que ha recuperado, en parte, su función histórica durante la guerra civil (UNITAR, 2014). Por desgracia, se ha convertido en uno de los ejemplos más claros de daño colateral de la guerra, ya que sus restos han resultado seriamente damnificados como consecuencia del saqueo, la ocupación militar y la propia falta de mantenimiento, experimentando sus peores daños entre enero de 2013 y agosto de 2014.

Efectivamente, Ebla es, tras Apamea y, como se verá más adelante, Mari y Dura Europos, uno de los espacios históricos que más ha sufrido la acción de los saqueadores, que han expoliado de forma intensiva el yacimiento a través de la apertura de pozos con maquinaria pesada. Las excavaciones ilegales han sido de tal magnitud que se han convertido en su principal causa de destrucción. De esta forma, entre enero de 2013 y agosto de 2014 se produjo la construcción de en torno a 50 pozos ilegales (Casana, 2015). La mayor concentración de pozos se sitúa en la zona próxima a la acrópolis y junto al palacio real, llamado Palacio G, señalado con un rectángulo rojo. Según Mustafa (2016), los saqueadores habrían actuado especialmente en la zona del archivo, el palacio norte o P, el templo de *Ishtar* y el de la Roca, localizados en la acrópolis. Esta información se confirma con la ofrecida por la DGAM (2015a) que indicó que las excavaciones clandestinas habían afectado al palacio G, el palacio P, el palacio Sur, el templo de *Ishtar* y el de la Roca. La apertura de pozos con maquinaria pesada habría tenido como resultado, según UNITAR (2014), la destrucción completa del área F (v. imagen 21), al tiempo que algunas otras como la Z, las fortalezas V y M, los palacios P, Q y E, las áreas P2, P3 y P5, el Santuario de los Reyes (B) y los templos de *Ishtar*, *Shamash* y *Resheph* (C), se encontrarían seriamente dañados (v. imagen 21).

Otro de los factores de deterioro habría sido la presencia de hombres armados (AAAS, 2014a). El recinto arqueológico habría sido tomado por militares en una fecha anterior a septiembre 2012 por su propicia posición elevada sobre una colina o *tell*, que permite controlar un terreno de varias decenas de kilómetros. Ello, junto a la propia protección que ofrece el yacimiento, cuya muralla de adobe (de hasta 25 metros) se conserva parcialmente, explicarían la elección militar del lugar (Casana, 2015). Su uso castrense habría dañado seriamente una de las puertas de entrada a la ciudad. Esta puerta, situada al sureste y construida en adobe, habría sufrido colapsos como consecuencia de las vibraciones producidas por la actividad militar (UNITAR, 2014; v. Anexo multimedia 20).

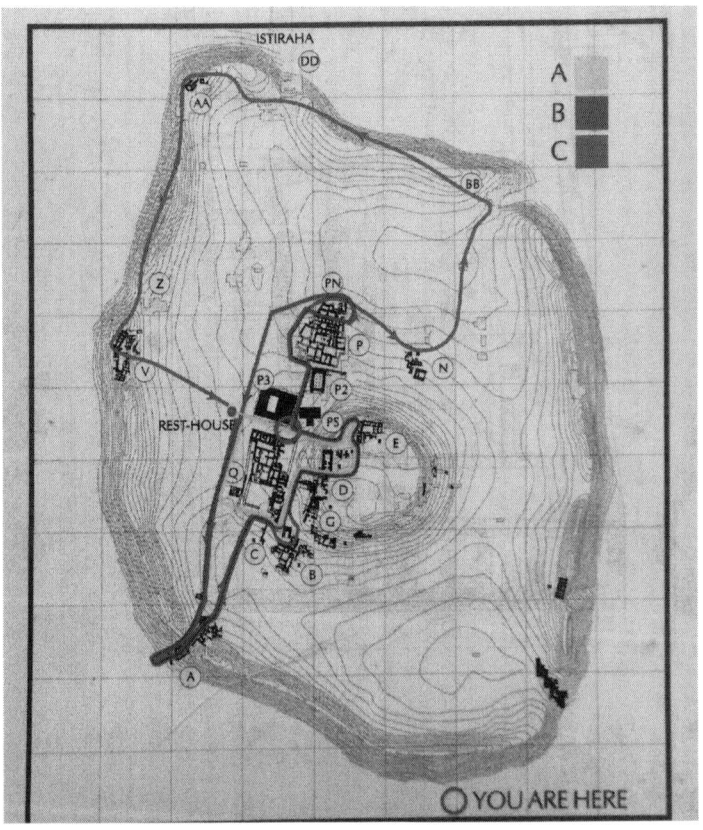

Imagen 21. Mapa topográfico del yacimiento de Ebla (Fuente: Wikimedia Commons).

Finalmente, el yacimiento también está siendo paulatinamente destruido por los efectos de la falta de mantenimiento. Las distintas campañas arqueológicas que conservaban las frágiles estructuras de adobe llevan cinco años sin poder actuar, lo que ha producido el derrumbe parcial de algunas estructuras, entre ellas, la muralla, colapsada en algunos tramos, y el Palacio G, con derrumbes en algunos de sus muros (Cheikhmous, 2014).

En cuanto a los daños registrados en el año 2016, los informes de ASOR (2016b) y HPI (2016) en febrero confirmaron daños al yacimiento como resultado de las operaciones militares que ha desplegado la aviación rusa en los últimos meses en la gobernación de Idlib, provincia prácticamente en manos de la oposición.

Como resultado de la investigación, el inventario del anexo general 1 muestra que Ebla contaría hoy con 23 bienes afectados, de los cuales uno estaría destruido y 16 seriamente dañados. Mientras, en la gobernación del Idlib, donde se localiza, la cifra aumentaría hasta los 77. Para más información, véase el anexo multimedia 21 y el cuadro 6.

Cuadro 6. Evaluación y cuantificación de los daños en Ebla, 2011-2016 (fuente: Elaboración propia a partir de los datos de DGAM; Antiquities Coallition y UNITAR).

Daños	Patrimonio cultural de Ebla					
	Palacios y residencias	Fortalezas	Templos y santuarios	Áreas	Otros	Total
Destruido				F		1
Seriamente dañado	Palacio Norte (P) Palacio Real MBA Palacio Real y archivo Residencia oeste	Sureste Oeste	Santuario de los Reyes (B) Templo privado de Ishtar Templo de Resheph Templo de Ishtar Templo de Shamash	CC Sagrada de Ishtar (P1, P3 y P5)	Puerta sureste/ del Desierto Estructura Ps Museo	16
Moderadamente dañado	Del príncipe (E)	Noreste Noroeste			Muralla	4
Posiblemente dañado				R	Puerta del Éufrates	2
Total	5	4	5	2	5	23

Malula

Según la DGAM (2014a), Malula quedó completamente destruida en 2014.

Como cuna del arameo, este pequeño pueblo, habitado desde hace al menos 3000 años, se había convertido en un gran atractivo para el turismo religioso al conservar los restos de la que es considerada una de las primeras mártires del cristianismo, santa Tecla (DGAM, 2015a). Sin embargo, Malula fue tomado por *Al-Nusra* en septiembre de 2014 al grito de «Alá es grande», causando el terror entre la población y una respuesta armada contundente del gobierno de al-Assad, que impuso un sitio de siete meses, hasta que el 4 de abril de 2014 consiguió su «liberación» (Ayestaran, 2014).

3. El impacto de la guerra en el patrimonio cultural sirio

Los resultados de la ocupación de este histórico pueblo cristiano por grupos fundamentalistas islámicos, junto con las acciones del ejército, fueron cuantificados en abril de ese año por un equipo de la DGAM que se desplazó al lugar (DGAM, 2014a):

- El casco antiguo quedó completamente arrasado tras la respuesta del ejército, como se puede apreciar en la imagen 22B.
- La mayoría de cementerios y cuevas funerarias, algunos datados desde el siglo IV d.C., sufrieron un expolio intensivo por parte de los integristas, que habrían destruido estos lugares en busca de «tesoros», mientras que, como se observa en la imagen 22A, en otras ocasiones habrían sido utilizados como viviendas.
- El convento de santa Tecla, donde se conservaban sus restos, fue incendiado, arrasado, bombardeado y saqueado. Además, en sus paredes se escribieron máximas en takfir como «venganza contra los esclavos de la cruz» (DGAM, 2014a, p. 2).
- Varios muros y la cúpula principal del monasterio de san Sergio y san Baco han colapsado parcialmente como consecuencia de impactos por mortero. También ha sido objeto del expolio, con el robo de varias cruces, una campana y otros objetos devocionales cuyo paradero, en la mayoría de casos, es desconocido. Asimismo, su altar principal, de mármol, ha sido completamente destruido.
- La iglesia de santa Bárbara ha sufrido daños en su cúpula principal por la acción militar, y su interior, una vez saqueado, fue incendiado por los extremistas.
- La iglesia de san Leontinus ha experimentado daños similares a los del monasterio de san Sergio y san Baco, con varias secciones colapsadas

y su cúpula destruida. Igualmente, ha sido saqueada por *Al-Nusra*, que quemó parte de su artesonado interior, tal y como se aprecia en la imagen 22C.

- Finalmente, la iglesia de san Cosme y san Damián quedó completamente destruida, junto con su altar e iconostasio de madera, al tiempo que los iconos fueron saqueados.

Imagen 22. Expolio y destrucción en Malula, 2014 (fuente: DGAM).

Desde finales de 2014 hasta la actualidad, varios equipos de la DGAM se han desplazado al lugar para iniciar tareas de reconstrucción, obteniendo resultados como los del anexo multimedia 22. Además, en enero de 2016 la cadena *Russian Today* emitió un vídeo titulado *Heritage for Sale: Ancient Treasures Stolen From Syria by ISIS Turn Up in Lebanon*, en el que se constata que varios de los objetos religiosos robados en Malula han ido a parar a los mercados ilegales de *Ras Baalbek*, Líbano (v. anexo multimedia 23). Para más información sobre la destrucción en Malula, véase el inventario del anexo general 1.

Las norias de Hama

Si bien las norias, según las imágenes satélite ofrecidas por Digitalglobe entre julio de 2010 y agosto de 2014, no sufrieron daños significativos en los dos primeros años de guerra (AAAS, 2014b; Heritage For Peace, 2015), el 8 de agosto de 2014 se informó de un incendio en una de las más famosas, la *al-J'abariyya*, quedando registrada su destrucción a través de material multimedia como el del anexo multimedia 24. La propia DGAM (2014b) emitió un informe el 15 de agosto de 2014 en el que constató su destrucción.

Igualmente, el 1 de abril de 2015 la DGAM (2015e) publicó otro informe en el que comunicaba la destrucción parcial de otras dos norias, las de *Shaizar*, en torno a los primeros meses del año, como resultado de combates alrededor del área, evidenciando su nivel de daños con material fotográfico (v. anexo multimedia 25).

A fecha de abril de 2016, no se han registrado, por el momento, más daños en las norias de Hama. Sin embargo, durante los años de conflicto, estas no han sido el único patrimonio cultural dañado, de hecho, ha sido uno de los que menos ha sufrido. La dureza de los combates en Hama ha provocado que mezquitas, *hammams*, caravasares y también museos hayan sido sus víctimas. Así, en el museo de Hama, en algún momento entre mediados y finales de 2012, se sustrajo una de sus piezas más valiosas, una pequeña estatua de bronce recubierta de oro datada en el siglo VIII a.c., convirtiéndose desde entonces en uno de los objetos más buscados por la Interpol[25] (Mustafa, 2016).

En resumen, la gobernación en la que se encuentra, también llamada Hama, contaría hoy con, aproximadamente, 40 bienes dañados, entre las norias, Apamea y otras localizaciones de la provincia. Para más información, véase el anexo general 1.

Qasr al-Hayr al-Sharqi

El *Qasr al-Hayr al-Sharqi*, situado en pleno desierto sirio entre Palmira y Rasafa, actualmente se encontraría severamente dañado, con un 80 % de su estructura damnificada y con el 95 % de su interior arrasado, según la información aportada por la DGAM (2015a). Este desastroso resultado habría sido consecuencia de su ocupación, durante un periodo desconocido de tiempo, por milicianos contrarios al régimen y de los bombardeos aéreos lanzados por este para desalojar el lugar (DGAM, 2015a).

Aparte de este monumento, otros bienes culturales de alto interés científico, histórico y turístico también han resultado seriamente dañados en la gobernación de Homs. Este ha sido el caso de la ciudad de *Qadesh*, conocida mundialmente por ser una importante ciudad fenicio-cananea y, sobre todo, por ser el escenario de la batalla de *Qadesh* que enfrentó a las tropas de Ramsés II contra los hititas de Muwatali (Jacq, 1980). El

---

25 Para más información, véase: http://www.interpol.int/Crime-areas/Works-of-art/Works-of-art.

yacimiento, conocido como *Tell Nebi Mend*, se encuentra seriamente afectado al haber sido alcanzado por los bombardeos del régimen en 2012 y 2013 (UNITAR, 2014).

Hoy, la gobernación de Homs, donde se localizan ambos enclaves, contaría con alrededor de 123 bienes culturales dañados, convirtiéndose en la provincia que más afectada ha resultado, solo por detrás de Alepo. De ellos, 55 estarían seriamente damnificados y otros 33 destruidos. Para más información, véase el inventario del anexo general 1.

Raqqa

Raqqa, conocida como «la ciudad abasí», se encuentra hoy sumida en la barbarie y la destrucción por efecto de la acción del Dáesh. Si bien no tuvo apenas relevancia bélica durante los dos primeros años, a partir de 2014 se convirtió en el centro de todas las estrategias, al ser tomada por el Dáesh en enero y convertida poco tiempo después en su capital (Sancha, 2015). Desde entonces, sus habitantes viven bajo el yugo de la *sharia*, las ejecuciones públicas y el secuestro de trabajadores internacionales (Rengel, 2014).

Como resultado de esta ocupación, los informes sobre el estado de conservación de la ciudad son mucho más escasos que en otros puntos del país. Entre las exiguas fuentes sobre el terreno, destaca un vídeo difundido por Al-Jazeera en el que se muestra la degradación de la ciudad por la falta de mantenimiento, la destrucción intencionada por integrantes del Dáesh y por los bombardeos del régimen pocos días después de la toma de la ciudad por el EEIL (v. vídeo 1). Por ello, el estudio de las imágenes satélite ha resultado de especial utilidad para evaluar el nivel de daños al patrimonio de esta ciudad.

Vídeo 1. Estado de conservación de la ciudad de Raqqa, en manos del Dáesh, a mediados de 2014 (fuente: Al-Jazeera en Youtube).

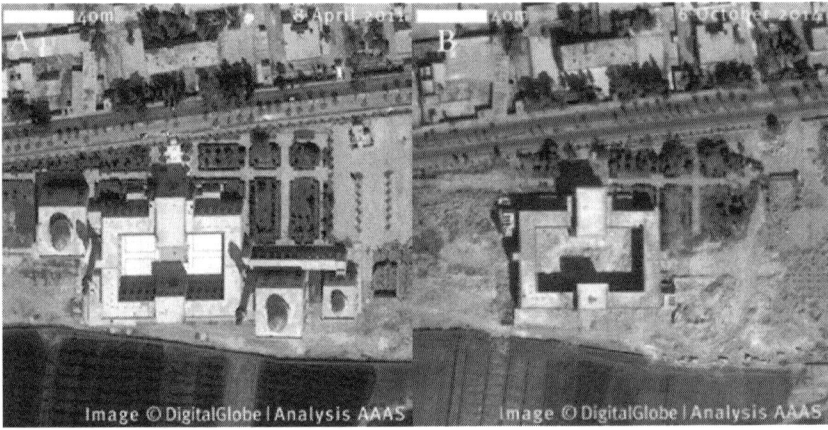

Imagen 23. Antes y después del santuario-mausoleo de *Oueis*, abril 2011-octubre 2014 (fuente: AAAS).

El estudio de dichas imágenes, realizado por la AAAS (2014a), revela la masiva destrucción intencionada de monumentos, entre ellos, los leones del parque *al-Raseed* (v. anexo multimedia 26A) y los santuarios-mausoleos de *Oueis* (v. imagen 23 y anexo multimedia 26B), en un claro ejemplo

3. El impacto de la guerra en el patrimonio cultural sirio

de limpieza cultural (Sehmer, 2015). Además, la falta de mantenimiento sobre estructuras de barro cocido y adobe, como la muralla, ha producido que varios de sus tramos hayan colapsado, como se observa en el anexo multimedia 26C.

Pese a la falta de información sobre el impacto del Dáesh en el patrimonio de la ciudad y de la gobernación de Raqqa, se puede determinar que en la actualidad habría en torno a 22 bienes culturales afectados en la ciudad, de los cuales 5 estarían totalmente destruidos. Por su parte, para la gobernación la cifra se elevaría hasta los 35. Para más información véase el cuadro 7 y el inventario del anexo general 1.

Cuadro 7. Evaluación y cuantificación de los daños en Raqqa, 2011-2016 (fuente: Elaboración propia a partir de los datos de DGAM; Antiquities Coallition y UNITAR).

Daño	Patrimonio cultural				
	Mezquitas	Palacios	Mausoleos y santuarios	Otros	Total
Destruido				Leones del parque al-Raseed	1
Serio	Gran Mezquita de Raqqa		Mausoleo de Oueis (3)	Tell Bi'a Museo arqueológico	6
Moderado		Palacios Abasíes (10 estrcuturas)		Puerta norte Puerta este Puerta de Bagdad Tell Aswad Muralla de Raqqa	15
Posible					0
Total	1	10	3	8	22

Los sitios del valle del Éufrates: Mari y Dura Europos

Ambas ciudades tienen múltiples puntos en común: los dos enclaves conservan restos sobresalientes de civilizaciones pasadas; ambas florecieron gracias a la proximidad del Éufrates; una y otra se localizan en la misma provincia, Deir ez-Zor; y las dos, por desgracia, se encuentran hoy en grave estado de conservación como resultado del saqueo y la falta de mantenimiento. Y es que según las investigaciones realizadas por expertos como al-Khabour (2015a; 2015b; 2015c), que ha llevado a cabo varios inventarios sobre la destrucción del patrimonio cultural en las gobernaciones de Raqqa, al-Hasaka y Deir ez-Zor, solo en esta última 57 sitios históricos o arqueológicos habrían resultado deteriorados hasta mediados de enero de 2015.

En el caso de la antigua ciudad mesopotámica de Mari, con restos de hasta el v milenio a.C., su ocupación en 2013 por grupos afines al Dáesh y la respuesta armada del régimen desde entonces han causado estragos en sus estructuras de adobe (AAAS, 2014b). Además, según apuntan las investigaciones de Casana (2015), la fase más brutal del expolio habría ocurrido desde su control por el EEIL, a partir del 2014, lo que podría indicar que parte de su financiación proveniente del tráfico de arte podría proceder de lugares como Mari. De hecho, si se comparan las fotografías de la imagen 24, tomadas entre agosto de 2011 y noviembre de 2014, se aprecia la aparición de hasta 165 pozos alrededor y dentro del recinto arqueológico, con una mayor concentración en la zona adyacente e interior del palacio real y su archivo entre agosto de 2011 y marzo de 2014 (AAAS, 2014b). La actividad saqueadora se confirmó con el análisis de las imágenes de noviembre de 2014 (v. imagen 24 inferior), donde se constata la dramática expansión de los pozos. Y es que en los solo 232 días que separan las imágenes de marzo y noviembre de 2014, se cavaron hasta 1286 nuevos pozos (frente a los 165 del periodo entre agosto de 2011 y marzo de 2014), lo que supone la excavación de 5,5 pozos por día, con una profundidad de hasta 4 metros (AAAS, 2014b; al-Khabour, 2015a). La actividad, lejos de terminar, continuó durante el año 2015, según apuntan las investigaciones de al-Khabour (2015a) y ASOR (2015d).

Por otro lado, la falta de mantenimiento en unas estructuras milenarias construidas con materiales tan frágiles como el adobe, que necesitan labores continuadas de conservación y conservación, ha originado que multitud de muros hayan colapsado parcialmente a lo largo de los años (AAAS, 2014b).

El resultado de la acción conjunta del saqueo masivo y la falta de mantenimiento ha sido la destrucción del templo de *Dagan* y el daño muy severo a estructuras únicas como el zigurat de Mari, los templos de *Ishtar* y *Shamash*, el palacio real, los archivos y su puerta de acceso sur (al-Khabour, 2015a).

Actualmente Mari contaría con alrededor de 8 bienes culturales afectados, de los cuales 2 estarían destruidos y 6 severamente dañados. Sin embargo, todo el conjunto presenta un pésimo estado de conservación.

Dura Europos, conocida como «la Pompeya del desierto» (AAAS, 2014b, p. 5), ofrece un paisaje muy similar al de Mari: completamente minado por los pozos ilegales. También como en Mari, desde 2013 y sobre todo a partir de 2014, comenzaron a librarse importantes enfrentamientos en la zona entre el ejército y grupos opositores radicales, entre ellos *Al-Nusra* y el Dáesh. De hecho, desde mediados de 2014, la zona se encuentra bajo el control de este último (AAAS, 2014b). Según las estimaciones de la

AAAS (2014b), más de un 75 % del yacimiento habría resultado saqueado hasta finales del año 2014 y solo en el área funeraria del lugar, situada tras la muralla, se habrían cuantificado alrededor de 3750 pozos.

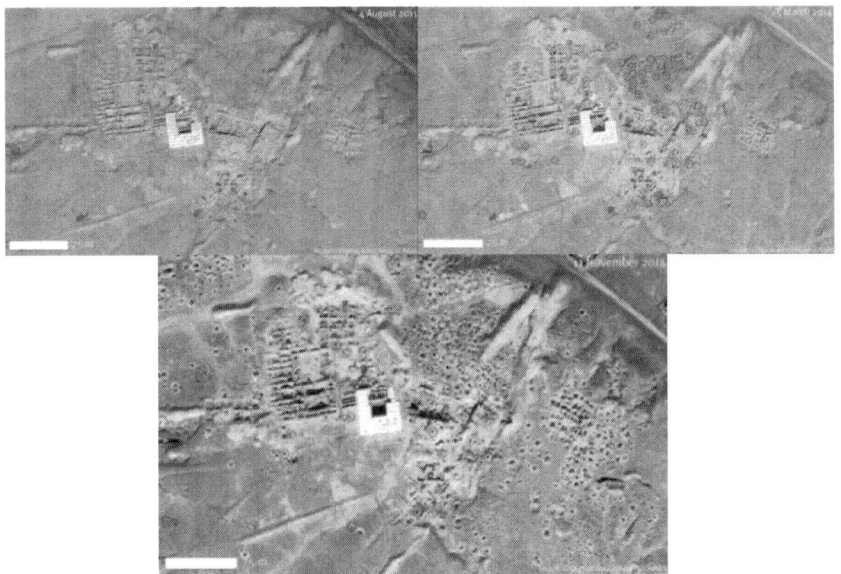

Imagen 24. Evolución del expolio en Mari, agosto 2011-noviembre 2014 (fuente: DigitalGlobe para AAAS).

En las imágenes satélite de Dura Europos aparece un fenómeno ya detectado en las de Mari: la presencia de camionetas en el interior del yacimiento, lo que presupone que el saqueo estaba teniendo lugar en ese mismo momento. Y es que según la información ofrecida por la DGAM (2015f), en territorios controlados por el Dáesh (como es el caso de la gobernación de Deir ez-Zor) el autodenominado Estado Islámico está aprovechándose de la situación de extrema necesidad de la población para ofrecerles, a cambio de la extracción de bienes culturales, un tanto por ciento de los beneficios de su venta, lo que ha provocado la multiplicación de los saqueos en las áreas arqueológicas de estas provincias.

Así, actualmente, Dura Europos contaría con, aproximadamente, 19 bienes culturales dañados, de los cuales 12 se encontrarían severamente damnificados. Sin embargo, al igual que en el caso de Mari, todo el yacimiento se encuentra muy afectado.

Para más información sobre los daños al patrimonio cultural en la provincia de Deir ez-Zor, donde se localizan ambos enclaves, véase el inventario del anexo general 1.

Tartus y la isla de Arwad

Tanto la ciudad de Tartus como la isla de Arwad se encuentran en la gobernación de Tartus, situada en la costa siria, al oeste del país. Esta zona, al igual que las gobernaciones de Alexandretta y Latakia, se ha caracterizado durante estos cinco años por la baja actividad bélica, lo que ha permitido que apenas se produzcan daños en su patrimonio cultural (DGAM, 2015a). Para más información, véase el inventario del anexo general 1.

Ugarit

También conocida como *Ras Shamra* o *Tell Shamra*, es otra de las míticas ciudades de Siria y, hasta el inicio del conflicto, una de las más visitadas. Gracias a su situación, en la gobernación de Latakia, es uno de los espacios históricos relevantes que menos daños ha sufrido en estos años (UNITAR, 2014; AAAS, 2014b). Según la DGAM (2015a), con datos actualizados a 2015, los deterioros se reducirían a dos, uno consecuencia de excavaciones clandestinas y otro resultado de incendios, en principio, no intencionados. Para más información, véase el inventario del anexo general 1.

III. INVENTARIADO DE LOS BIENES CULTURALES DAÑADOS EN SIRIA ENTRE LOS AÑOS 2011 Y 2016

Los daños que acabamos de ver en el apartado anterior son solo algunos de los más importantes ocurridos en Siria hasta la fecha. Sin embargo, como resultado de la investigación, se ha elaborado un inventario completo de los bienes culturales dañados o destruidos por motivos relacionados con la guerra entre 2011 y mayo de 2016. Este inventario, consultable en el anexo general 1, contiene los daños producidos a los siguientes bienes culturales: los inscritos en la Lista de Patrimonio Mundial, los propuestos para su admisión y todos los demás considerados como tales bienes culturales por Siria.

Como ya se apuntó, los datos reflejados en el inventario están ordenados por localización, tipología de bien cultural y nivel de daño, siguiendo los parámetros estipulados por la Unesco en el estudio de UNITAR (2014), indicadores a los que ya se ha hecho alusión en ese mismo apartado. Además, en la medida de lo posible, se ha incluido otra información relevante sobre la causa, su impacto o la incidencia específica en esos bienes culturales.

Asimismo, para la elaboración de este inventario se ha partido de la información suministrada por el inventario oficial de bienes culturales dañados o destruidos durante la guerra civil en Siria, elaborado por la DGAM (2015a), actualizado hasta febrero de 2015. Sobre esta base, la presente investigación ha añadido datos hasta mayo de 2016, y ha incluido información anterior a febrero de 2015 no contenida en el inventario de la DGAM.

Finalmente, se han establecido totales relativos sobre los bienes culturales dañados y destruidos por lugar y gobernación, y así como un total global hasta mayo de 2016.

Con todo ello, y a la luz de la información contenida en él, actualmente Siria contaría con un total de 953 bienes culturales dañados o destruidos, lo que supone un aumento de 195 bienes con respecto al inventario más actualizado hasta la fecha (DGAM, 2015a), que hablaba de 758 bienes dañados por causas relacionadas con la guerra civil. Esto supone un aumento de en torno a un 25,7 % de bienes culturales dañados con respecto a las cifras anteriores, como se extrae del gráfico 1. De la cifra total, 953, alrededor de 148 se encontrarían hoy destruidos, aproximadamente 250 estarían seriamente dañados, en torno a 476 se hallarían moderadamente damnificados y cerca de 79 lo estarían posiblemente, aunque no habría sido posible estimar su grado.

Esto implica, tal y como podemos apreciar en el gráfico 2, que la mitad de los bienes culturales afectados por los cinco años de conflicto se encontrarían hoy con daños moderados, es decir, que entre un 5 % y un 30 % de su estructura habría sido dañada y/o existe daño limitado a algunas estructuras y/o existe cierta actividad civil o militar en ellos. Mientras, alrededor de un 26 % se encontrarían hoy en grave estado de conservación, debido a que entre un 30 % y un 75 % de su estructura habría sido dañada y/o existe actividad civil o militar muy significativa sobre el bien cultural.

En torno a un 16 % de los bienes culturales damnificados se encontrarían hoy destruidos y habría aproximadamente un 8 % previsiblemente dañado. Del mismo modo, se concluye que las gobernaciones más afectadas por la acción bélica sobre el patrimonio han sido Alepo y Homs, con 308 y 123 bienes culturales dañados o destruidos respectivamente, siendo, además, la ciudad vieja de Alepo, el conjunto declarado Patrimonio Mundial más deteriorado, con 233 bienes culturales afectados, de los cuales 53 estarían destruidos, 46 seriamente dañados y hasta 109 con damnificaciones moderadas. Junto a ellos, 25 bienes tendrían daños aún por estimar.

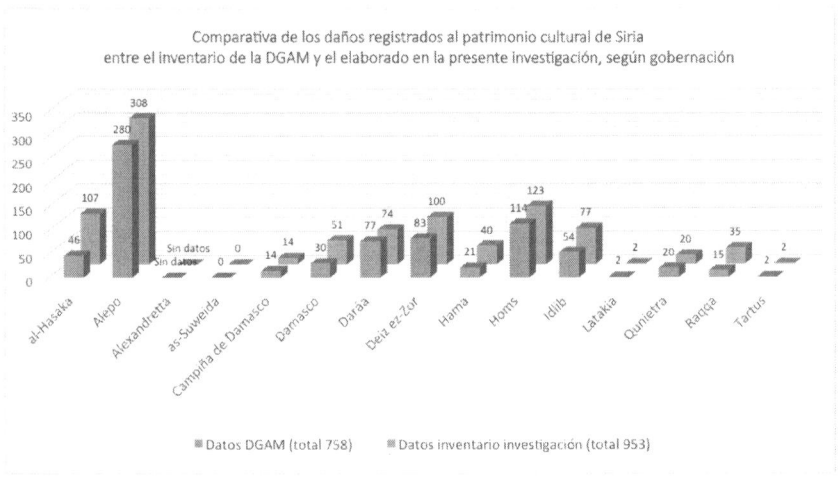

Gráfico 1. Comparativa de daños al patrimonio cultural sirio (fuente: elaboración propia a partir de los datos del inventario de la DGAM y el realizado en la presente investigación).

3. El impacto de la guerra en el patrimonio cultural sirio

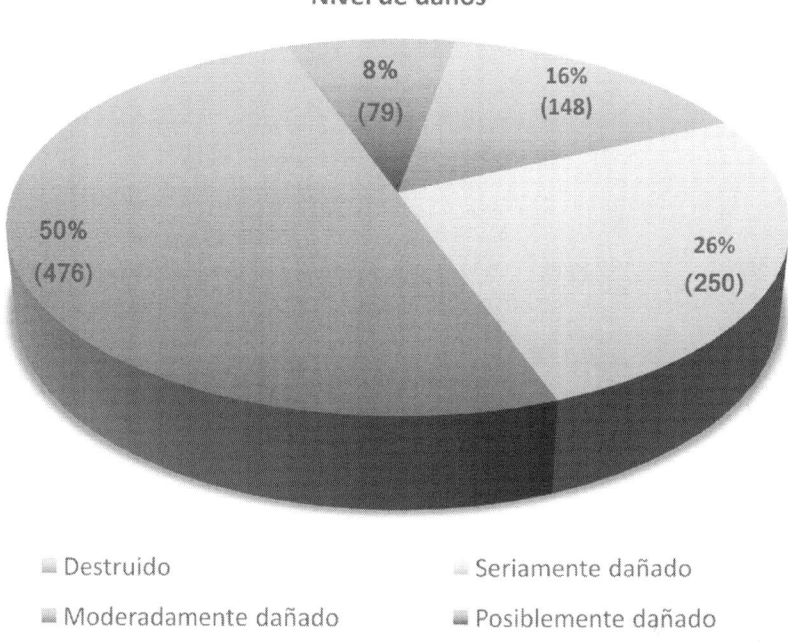

Gráfico 2. Porcentaje de bienes culturales dañados en Siria entre 2011 y 2016, según su nivel de intensidad (fuente: elaboración propia a partir de los datos del inventario).

Teniendo en cuenta que la guerra sigue hoy plenamente activa, y que existen zonas cuya información es muy precaria por estar controladas por el Dáesh, como Raqqa o Deir ez-Zor, estas cifras deben ser consideradas provisionales, a la espera de la finalización del conflicto y de la comprobación in situ del impacto de la guerra en el patrimonio cultural del país.

CAPÍTULO IV
EL ORIGEN DE LA DESTRUCCIÓN: CLASIFICACIÓN DE LOS DAÑOS. EL PATRIMONIO CULTURAL COMO OBJETIVO BÉLICO Y COMO DAÑO COLATERAL

Una vez analizada la situación del patrimonio cultural de Siria tras cinco años de guerra y contando ya con un inventario actualizado sobre el volumen de bienes culturales dañados, se pueden ahora determinar sus causas. Establecer y delimitar su origen, las motivaciones que los rodean y los métodos utilizados pueden ser útiles para implantar mecanismos más eficaces contra la desaparición de este patrimonio.

Siguiendo el curso marcado por investigaciones anteriores, a continuación se muestra una categorización basada en el factor de intencionalidad, distinguiendo entre causas de origen intencional y no intencional. En este sentido, esta clasificación difiere de las otras en que mientras que estas se limitan a distinguir entre impactos directos e indirectos, obviando el factor de intencionalidad, en nuestro caso, esta premisa ha dado lugar a una clasificación que diferencia entre los contextos en los que el patrimonio cultural es un objetivo bélico, y por lo tanto su destrucción es intencional y directa; y los casos en los que resulta dañado o destruido de forma colateral por actividades relacionadas con el desarrollo bélico en el país. En este segundo escenario, la destrucción del bien cultural, aunque a veces sea consecuencia de una acción ejercida sobre él, no es el objetivo prioritario. De esta forma, el daño al patrimonio puede ser tanto directo como indirecto pero, en ninguno de los casos es intencional. Dentro de esta misma categoría también se incluyen los perjuicios al patrimonio como consecuencia de su falta de mantenimiento, hecho que se desprende de una situación como la planteada en Siria desde el año 2011 y que, hasta donde sabemos, no se contempla en otras clasificaciones.

Antes de iniciar la categorización sobre las causas de daño y destrucción del patrimonio en Siria, cabe advertir que habitualmente dichos daños no responden a un único factor, sino que son resultado de la acción conjunta de varios.

I. EL PATRIMONIO CULTURAL COMO OBJETIVO BÉLICO

La destrucción intencionada del patrimonio cultural ha sido como hemos visto, lamentablemente noticia en la guerra civil siria. Pero es curioso apreciar que en la mayoría de los casos ha sido motivada por las mismas razones, se ha ejecutado siguiendo los mismos esquemas y ha tenido como verdugo a un mismo actor: el Dáesh y otros grupos fundamentalistas con poder en el territorio como *Al-Nusra*.

Y es que lejos de ser parte del escenario aleatorio presidido por la barbarie que en ocasiones es propuesto por los medios de comunicación, la destrucción del patrimonio por el Dáesh sigue esquemas absolutamente ideológicos, doctrinales y planificados. Esa devastación no hace más que seguir una tendencia que comenzó hace ya quince años, en 2001, con la detonación de los Budas de Bamiyán, en Afganistán, por los talibanes, y que ha continuado en la guerra de Iraq (Lostal, 2015). Como en ambos escenarios, la destrucción actual en Siria persigue los siguientes objetivos:

- *Limpieza cultural.* La diversidad cultural de Siria, en la que se hablan hasta 17 lenguas y se practican más de 10 cultos religiosos (un 74 % de la población es suní, otro 16 % pertenece a otras ramas del islam, y hasta un 10 % es cristiana), es uno de los objetivos principales del Dáesh (Heritage for Peace, s.f.). De hecho, gran parte de la destrucción del patrimonio de Siria la justifican por el cumplimiento de los dogmas salafíes que practican (al-Azm, 2015). Un ejemplo es la decapitación de esculturas en el museo de Palmira (v. anexo multimedia 27). La limpieza cultural a través de la destrucción del patrimonio tampoco es un fenómeno nuevo y recuerda a la efectuada durante la guerra de Bosnia (1992-1995), donde identificadores culturales como el puente de Mostar o la biblioteca de Sarajevo fueron destruidos como símbolos de la aniquilación de la multicultural esencia bosnia (Blazina, 1996). Así, sería en el conflicto bosnio cuando se utilizase por primera vez el concepto de «genocidio cultural» aplicado al patrimonio (Sánchez, 2015). Las siguientes palabras, enunciadas en 2015 por Arsenio Sánchez Hernampérez, Premio Nacional de Restauración y Conservación por sus labores sobre la biblioteca de Sarajevo, bien podrían servir para el caso sirio: «Un pueblo sin patrimonio no existe, y esa era la intencionalidad de serbios y croatas» (Sánchez, 2015).

- *Imposición de una visión concreta del mundo y de la religión.* Siguiendo con la frase de Sánchez Hernampérez, el Daésh pretende destruir cualquier testimonio de la historia de Siria que no se amolde a la estricta visión del mundo y de la religión profesada por este grupo. Impuras estructuras de los politeístas persas, asirios, griegos o romanos se consideran una ofensa y su recuerdo debe desaparecer. Igualmente ofensivos resultan los cristianos y los judíos, pero también los chiitas, suníes no salafíes o yazidíes, cuyos lugares religiosos deben destruirse para erigir sobre ellos estructuras de fe verdadera (al-Azm, 2015). El resultado es la eliminación intencionada del pasado que no se ajusta a su visión y, por lo tanto, la peligrosa modificación de la historia a su favor. Los mausoleos de la ciudad de Raqqa serían un ejemplo de esta imposición ideológica y religiosa.

- *Demostración de poder y ofensa al mundo occidental.* Como se ha visto, Siria es una de las cunas de la humanidad, sobre la que se han creado muchos de los pilares de la sociedad occidental; además, fue el hogar de los grandes imperios antiguos e incluso la administración y la burocratización se impulsaron por primera vez desde sus gobiernos. Por ello, la destrucción de su pasado, como ilustra Palmira, pretende asestar un golpe mortal a la cultura occidental y en parte lo ha conseguido, arrancando millones de titulares y generando la creación de comités de crisis.

- *Propaganda a nivel mundial y obtención de recursos económicos.* Expertos en la materia como Harmansah (2015) conciben la destrucción del patrimonio cultural por este grupo como parte de una estrategia de propaganda a nivel mundial. El EIIL coordinaría la detonación de estructuras históricas como espectáculos mediáticos en los que se ofrece una planificada visión sobre la imagen que quiere ofrecer al mundo (Harmansah, 2015). Estos actos y su representación mediática pretenden, así, emitir un mensaje de poder e inmunidad muy potente a los países occidentales, pero también a la población local que quiere subyugar. Por otro lado, expanden el reclutamiento de nuevos miembros a nivel internacional, tal y como también lo hacen a través de los vídeos de ejecuciones (Harmansah, 2015). Desde este punto de vista, el patrimonio cultural sería un rehén que está siendo utilizado por el Dáesh en su beneficio. Además de la repercusión internacional, el Dáesh ha encontrado en el patrimonio una nueva y muy poderosa fuente de financiación mediante el tráfico de bienes culturales, en ocasiones encargados directamente por coleccionistas occidentales. La destrucción del patrimonio, en este caso, y según investigadores como Gil y Toscano (2014), se plantearía como una forma de borrar las huellas del delito, pues si no existe un bien, en este caso por haber sido destruido, no se puede verificar que se haya traficado con él, de forma que no se pueden tampoco iniciar, en principio, investigaciones que apunten a dichos compradores.

Además del Dáesh, otros grupos extremistas utilizan la religión como excusa para borrar el pasado cultural del pueblo sirio. Como ejemplo, solo hace falta recordar que *Al-Nusra* quemó y destruyó de forma sistemática las iglesias, monasterios, reliquias y objetos de culto del pueblo de Malula.

El resultado, sea quien fuere quien cometa la destrucción, es el mismo: la desaparición de uno de los elementos unificadores y de cohesión e identificación social y cultural más potentes del país, es decir, su patrimonio, su herencia cultural. En todos los casos, por tanto, la destrucción es intencionada y directa.

II. EL PATRIMONIO COMO DAÑO COLATERAL

En otros casos, el patrimonio es destruido como consecuencia de actividades derivadas de la guerra civil. Los combates, los bombardeos, el uso militar de las instalaciones históricas, su uso por población desplazada, e incluso, la propia inactividad sobre él, se consolidan entonces como principales causantes de su destrucción.

Combates y otras acciones militares

El daño a sitios históricos como consecuencia de ser alcanzados, directa o indirectamente, por los combates y otras acciones militares ha sido profusamente registrado como causa de degradación del patrimonio cultural. Así, los seis sitios inscritos en la Lista de Patrimonio Mundial han resultado dañados de diversa intensidad por esta causa. Tampoco se han librado los otros doce propuestos para su ingreso (Cunliffe, 2012).

Choques directos: daño por armas de fuego

El impacto de munición de pequeño y mediano calibre ha sido más intenso en las áreas donde se han llevado a cabo estrategias basadas en las escaramuzas y en la guerra de posiciones, es decir, en las ciudades (Cunliffe, 2012). Por ello se entiende que una de las más afectadas por esta causa sea, precisamente, una de las que de forma más intensa está sufriendo los choques directos: Alepo. Entre las estructuras dañadas seriamente por el intercambio de fuego se encuentra su simbólica ciudadela que, como se ha dicho, está siendo utilizada por el ejército del régimen como bastión. La intensa actividad bélica se resume en esta frase de la agencia *France-Presse*: «Los casquillos y las balas llueven sobre las ruinas al más mínimo movimiento porque piensan que son rebeldes» (2012, parr.12). Otras ciudades donde las batallas cuerpo a cuerpo han sido especialmente intensas son Hama y Homs, cuyos centros históricos se encuentran muy deteriorados (Guidetti y Perini, 2015). Además de las ciudades, otras localizaciones donde las armas han causado múltiples estragos han sido los escenarios de «reconquistas» por el gobierno como, por ejemplo, Palmira, donde su museo ha resultado especialmente damnificado (ASOR, 2016a).

En todos los casos, aunque se puedan llegar a producir daños graves al patrimonio, no es el objetivo prioritario de la acción, sino que más bien responde a motivos como el propio desarrollo de la batalla o el intento de desalojo de estructuras ocupadas por fuerzas contrarias. Por lo tanto, este daño es indirecto y, en todo caso, no intencional.

Choques indirectos: daño por bombardeos

Tras el saqueo y las excavaciones ilegales, las acciones bélicas a gran escala son la causa más común de daño al patrimonio de Siria, como se extrae del gráfico 3. Estos daños son motivados por los morteros, lanzamisiles, barretes, vehículos blindados y aviación, dotados de maquinaria armamentística de alto poder destructivo.

Los bienes culturales que más gravemente han sido afectados son los *qal'at* o castillos, que han recuperado su papel medieval como fortalezas estratégicamente situadas y protegidas, acogiendo a unos y otros bandos (Cheikhmous, 2014). En el caso de los controlados por grupos contrarios al régimen, como el Crac de los Caballeros, el *Qal'at al-Mudiq* en Apamea o el castillo de Palmira, los bombardeos del régimen han provocado el colapso de techumbres y muros, la apertura de cráteres y la aparición de grietas (Cheihmous, 2014). Sin embargo, el ejército sirio no buscaba con ello la destrucción del emplazamiento, sino más bien su recuperación, aunque para conseguirlo les propinasen graves daños.

Otras motivaciones presentes en el inicio de ataques masivos contra estructuras históricas sería causar el pánico y hacer demostraciones de poder entre los grupos armados que controlan la zona, como ocurrió en el Hospital *Dar al-Shifa*, en Alepo, ubicado en un edificio histórico (al-Khaled, 2013).

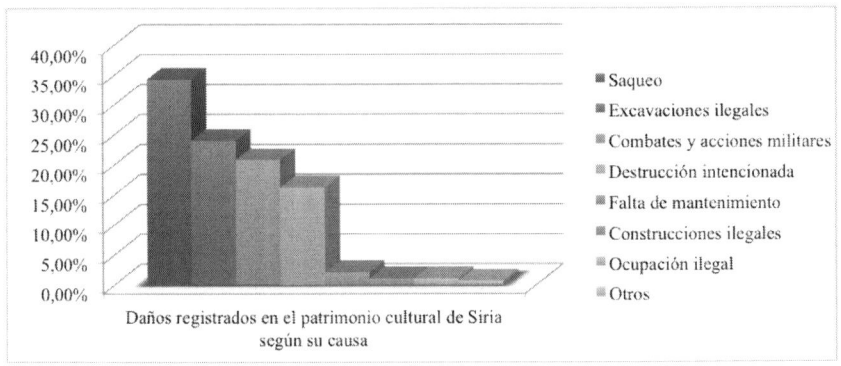

Gráfico 3. Nivel de daños en el patrimonio sirio (fuente: Elaboración propia a través de los datos de Danti, Casana y ASOR).

De esta forma, en ninguno de los casos mencionados se pretendía destruir el patrimonio, no hubo intencionalidad. A diferencia del caso anterior, la destrucción es directa, y no subsidiaria, al producirse sobre las estructuras históricas.

Ocupación de emplazamientos históricos

La ocupación de emplazamientos históricos, bien por tropas o bien por civiles, se ha producido en todo el país en busca de lugares estratégicos (ya se ha hablado de la funcionalidad de los castillos en el presente conflicto), aunque no hay que olvidar que muchos yacimientos se sitúan en zonas especialmente propicias para la vigilancia y la habitabilidad.

Ocupación militar

Desde el inicio del conflicto, la mayoría de zonas históricas y arqueológicas han estado en algún momento bajo presencia militar (DGAM, 2015a). Esta ocupación ha radicado en cuestiones de estrategia frente a los movimientos de los opositores, como en la ciudadela de Alepo o en las ruinas de Apamea, pero también ha respondido a criterios de protección de los yacimientos frente a saqueos, vandalismo u otro tipo de abusos como resultado de la falta de vigilancia actual (Cunliffe, 2012).

Sin embargo, la ocupación militar de los sitios históricos ha provocado, en ocasiones, severas consecuencias sobre su patrimonio cultural. Por un lado, las construcciones militares necesarias para desplegar correctamente su actividad han generado la reutilización de sillares para la cimentación de nuevas edificaciones y movimientos de tierra para la construcción de carreteras o rampas de acceso para vehículos militares. Otras veces, la creación de zanjas de protección y trincheras ha destruido parte de las ruinas. Además, la cotidiana actividad militar (entrenamientos, pruebas, movimientos de vehículos etc.) ha acarreado que estructuras frágiles como las de Ebla se derrumbasen como resultado de las vibraciones (AAAS, 2014b).

Ocupación civil

Este tipo de ocupación ha sido menos perjudicial para el patrimonio y se ha dado en menor intensidad. Como se ha dicho en el capítulo anterior, parte de la población desplazada dentro del territorio ha buscado protección en sitios históricos como las aldeas antiguas del norte de Siria, muy cerca de la frontera turca. Ello obedece a la seguridad que les proporciona estar dentro de lo que en principio es una zona protegida. Además, la falta de vigilancia actual facilita su acceso (Guidetti y Perini, 2015).

Pese a que los perjuicios provocados por la ocupación civil son menores que otras causas de destrucción descritas, tampoco son desdeñables, sobre todo si esta tendencia comienza a generalizarse. Entre los daños, destacan: la reutilización de material arqueológico para la construcción de estructuras donde resguardarse, el encendido de hogueras para calentarse o cocinar y los movimientos de tierra para crear zonas de cultivo de las que poder alimentarse, que, sin embargo, provocan la pérdida de patrimonio cultural (Cunliffe, 2012).

Junto con estos factores hay que destacar la construcción ilegal como otra de las causas de destrucción. Pese a que formalmente no ocupan las estructuras del yacimiento, sí se expanden sobre él, creando nuevas edificaciones, muchas veces a partir de material arqueológico. Estas prácticas se han extendido como resultado de la imposibilidad de aplicar de forma efectiva las leyes pertinentes desde el inicio de la guerra civil. Además de la destrucción del patrimonio, provocan movimientos de terreno, alterando los niveles arqueológicos y perturbando el paisaje cultural inherente al yacimiento. Entre 2011 y 2015, según ASOR (2015d), aparecieron 34 nuevas construcciones en lugares arqueológicos, lo que supone un bajo impacto, teniendo en cuenta las cifras provocadas por otros factores.

Según lo expuesto, y a tenor de las investigaciones de Guidetti y Perini (2015), los daños al patrimonio por la ocupación civil de los espacios históricos y arqueológicos se puede clasificar en: reutilización de material, ocupación de los espacios históricos o arqueológicos y construcción de nuevas estructuras en los propios sitios protegidos.

4. El origen de la destrucción

Saqueos y excavaciones ilegales

Constituyen la mayor causa de daño y destrucción de patrimonio desde el inicio de la guerra, como se puede ver en el gráfico 3. Uno u otro han afectado a los seis sitios inscritos en la Lista de Patrimonio Mundial y a los otros doce propuestos, y se han extendido por todo el territorio perjudicando a multitud de áreas históricas y arqueológicas.

Actualmente, los saqueos en Siria pueden dividirse en dos escenarios: los museos y otros espacios con bienes catalogados, y los yacimientos y otros lugares con parte de los bienes no inventariados (Guidetti y Perini, 2015). En el caso de los robos en museos y otras instalaciones de custodia de bienes culturales, pese a que la DGAM (2013) ha afirmado que todas las piezas importantes han sido trasladadas a lugares más seguros, la noticia de robos de importantes bienes —como la figura de bronce saqueada en el museo de Hama, o la imagen de los bienes culturales destrozados del museo de Palmira, una vez expulsado el Dáesh de la zona (v. anexo multimedia 28)— siembra serias dudas sobre el nivel de protección de los bienes culturales custodiados por el Estado. En el segundo caso, los saqueos y excavaciones ilegales en yacimientos se han extendido de forma mucho más alarmante por la falta de protección y vigilancia de estas áreas, a diferencia de los museos (Casana, 2015). El saqueo de estos espacios tiene además consecuencias mucho más severas por la pérdida del contexto arqueológico una vez sustraído el bien (Guidetti y Perini, 2015). Por un lado, los estratos donde se ubica el objeto proporcionan información esencial sobre su datación y su uso. Esto, a su vez, ayuda a obtener datos sobre la persona a la que perteneció o su estatus. Las excavaciones ilegales en los yacimientos provocan, además del robo de objetos no catalogados, la destrucción de otros elementos arqueológicos no valiosos desde el punto de vista artístico o económico, pero sí desde la perspectiva histórica y científica. El saqueo de objetos no inventariados tiene además, como consecuencia, que las labores de cuantificación de objetos robados sean mucho más difíciles, al no saberse exactamente qué objetos no identificados han sido expoliados, ni cuántos, lo que deriva, a su vez, en que las estrategias y mecanismos puestos en marcha para su recuperación sean menos efectivos[26]. Eso explica que, a día de hoy, no haya una cifra exacta de patrimonio robado en Siria, aunque esta sería extremadamente alta, a la luz de los datos sobre zonas con signos de expolio (Danti, 2015).

Estos objetos acaban siendo vendidos a través de mercados ilegales en países vecinos como Líbano o Turquía[27], o en países occidentales mediante canales legales, como ocurrió, en abril de 2014, en la subasta por Bonhams de la parte inferior de un tipo poco común de estela funeraria, perteneciente a Adad-Nerari III, del Imperio asirio (DGAM, 2014c). Pese a que una vez conocida su ilícita procedencia la subasta se suspendió, aún hoy es posible ver su anuncio en la página oficial de la casa de subastas[28].

Según estudios como el de Danti (2015), cuya investigación se ha centrado en determinar el nivel de expolio en el territorio según su control

---

[26] A diferencia de los objetos catalogados robados, cuya imagen puede difundirse por entidades como la Interpol, este ámbito queda relegado para los elementos no catalogados, al desconocerse su apariencia. Por esta razón, entidades como el ICOM han desarrollado documentos como la *Lista roja de objetos culturales sirios en riesgo*, en los que se tipifican por categorías y rasgos básicos los diferentes elementos arqueológicos en peligro de ser expoliados en los yacimientos del país, y se dan pautas para su fácil identificación. Su consulta está disponible en el siguiente enlace: http://icom.museum/uploads/tx_hpoindexbdd/ERL_SYRIE_EN.pdf.

[27] Solo hasta agosto de 2014 se habían recuperado 6000 objetos arqueológicos robados en Damasco, Palmira, Hama, Homs, Tartus y Deir ez-Zor (Guidetti y Perini, 2015), lo que da una idea del tamaño del expolio en el país.

[28] Véase: http://www.bonhams.com/auctions/21926/lot/99.

por unos u otros, las zonas más damnificadas serían las dominadas por kurdos y por grupos islamistas como el Dáesh, que son las que presentan mayores niveles de saqueo y excavaciones ilegales. En el caso del EIIL, no solo han resultado expoliadas las zonas arqueológicas, sino que también lo han sido numerosos lugares religiosos como cementerios, tumbas y mausoleos, mezquitas, iglesias y sinagogas, pertenecientes a cristianos y judíos, pero también a musulmanes chiitas, suníes, sufíes o yazidíes (Danti, 2015). Entre unos y otros casos, el Dáesh sería responsable de más de 250 destrucciones entre los territorios de Iraq y Siria en poco más de dos años (Danti, 2015). No obstante, también se han dado numerosos casos en las zonas controladas por el ejército oficial, con flagrantes ejemplos como el de Apamea (Danti, 2015).

En la misma línea que Danti, Casana (2015) estima que mientras que los territorios controlados por los kurdos y otros grupos opositores serían los que más saqueos y excavaciones ilegales habrían sufrido, con en torno a un 28 % y un 27 % respectivamente, sería en el territorio dominado por el Dáesh, con un 21 % de los expolios del país, donde más daño habrían sufrido los yacimientos, pues hasta un 42 % estarían severa o moderadamente dañados (Casana, 2015). En cambio, solo un 9 % y un 14 % de los yacimientos en territorios controlados por los kurdos y otros grupos opositores, respectivamente, se encontrarían seriamente dañados, aunque su actividad sería más intensa (Casana, 2015). Las áreas del régimen representarían un 16,5 % del expolio total, y un 23 % de sus yacimientos estarían seria o moderadamente dañados (Casana, 2015). Para confirmar estos datos el investigador se ha basado en los mapas elaborados por el *Strategic Needs Analysis Project*.

Falta de mantenimiento

Por último, la falta de mantenimiento de castillos, ciudadelas, yacimientos y otros espacios históricos protegidos, se ha revelado a lo largo de los años de guerra como una importante causa de destrucción del patrimonio cultural. Y es que desde el año 2011 todos los trabajos de restauración y conservación desplegados han quedado paralizados, fruto de la actividad bélica (Cheikhmous, 2014), lo que ha motivado la inclusión en la presente investigación de esta circunstancia como nuevo factor de deterioro durante la guerra.

La inactividad sobre el patrimonio cultural ha afectado, obviamente, a todos los restos históricos, aunque con mayor o menor intensidad según diversos factores (Mustafa, 2016). De esta forma, las áreas con niveles de conflicto más elevado, como Alepo, Hama o Homs, han resultado más gravemente dañadas por esta causa, pues la peligrosidad de los ataques no ha permitido proseguir con las actividades habituales de mantenimiento (AAAS, 2014a).

Especialmente damnificadas han resultado las estructuras de los yacimientos de Mari, Ebla y Raqqa por el material en el que fueron construidas: adobe, terracota y barro cocido, entre otros. Este hecho les vuelve especialmente frágiles, por lo que necesitan labores periódicas de consolidación que, sin embargo, llevan sin poder efectuarse desde hace cuatro años (Cheikhmous, 2014). Entre los daños, partes del muro del palacio real de Zimri-Lim de Mari han colapsado, mientras que sectores de la muralla de Raqqa han sucumbido.

La falta de mantenimiento ha acarreado también el surgimiento de elementos en principio no dañinos para el patrimonio, como el crecimiento

4. El origen de la destrucción

de vegetación. Sin embargo, está ocasionando graves problemas en espacios como el Crac de los Caballeros o el teatro de Palmira, donde las raíces están abriendo grietas en las estructuras (Mustafa, 2016).

De esta forma, este daño al patrimonio que no es intencional, ni tampoco directo, tiene consecuencias inmediatas sobre su conservación.

CONCLUSIONES
¿Y AHORA QUÉ?

Con este estudio se ha pretendido visibilizar la dramática destrucción del patrimonio cultural sirio que se está produciendo, al menos por el momento, de forma irremediable. Para ello, como se ha podido comprobar, dado el actual escenario bélico, las nuevas tecnologías al servicio del patrimonio se han revelado fundamentales, posibilitando no solo el esclarecimiento de la situación actual de conservación del patrimonio sirio, sino también la creación de un inventario inédito de bienes culturales dañados entre 2011 y mayo de 2016, que supone el punto de partida básico para poder iniciar medidas, una vez el contexto así lo permita, de recuperación y restauración.

La realización de esta investigación ha permitido, además, dar respuesta a los interrogantes que la motivaron: ¿qué volumen de patrimonio cultural está hoy en día dañado o destruido por causas relacionadas con la guerra civil? Y, en cualquier caso, ¿cuáles son dichas causas bélicas?

Ahora podemos afirmar que Siria contaría hoy con, al menos 953, bienes culturales dañados de diversa intensidad, de los cuales 148 estarían completamente destruidos. En este sentido, cabe reseñar que este inventario refleja no el total del patrimonio dañado, que solo se podrá evidenciar a la finalización de la contienda, sino el número mínimo de bienes de los que se tiene constancia que han sido afectados hasta mayo de 2016.

Además, esta destrucción estaría respondiendo a dos tipos de causas. El patrimonio se convierte en un daño colateral más de la guerra cuando es afectado por actividades inherentes al desarrollo de un conflicto armado, pero también se establece como un objetivo bélico, empleado unas veces para mostrar la superioridad frente al enemigo, y otras para alcanzar distintos fines, siendo utilizado como un rehén con intenciones propagandísticas y económicas, para imponer una determinada ideología y como parte de la limpieza cultural.

De esta forma, tras comprobar que la destrucción sistemática del patrimonio sirio es un hecho, surgen preguntas relacionadas con saber qué se está haciendo para evitarlo y si la desaparición de su legado cultural se podría haber impedido. Aunque para abordar correctamente estas cuestiones sería necesario quizás un estudio específico, ahora es importante reseñar, al menos, algunos aspectos.

Por un lado, en el plano internacional, la destrucción de este patrimonio representa el fracaso de los instrumentos internacionales creados, precisamente, para evitarlo. Esto implica el fracaso de la Convención para la Protección de los Bienes Culturales en caso de Conflicto Armado de 1954, más conocida como la Convención de La Haya, y también de sus dos reglamentos de aplicación, el de 1954 y el de 1999. Y es que en Siria se han violado sus artículos de forma sistemática desde el año 2011, pese a ser país signatario de la citada Convención. Si bien en algunos casos eso era precisamente lo que se buscaba, como en las destrucciones efectuadas por el Dáesh, el daño continuo infligido por el ejército del régimen sirio es intolerable, y demuestra la falta de eficacia de estos instrumentos.

La Unesco ha sido consciente de la situación y ha puesto en marcha varias iniciativas para intentar paliarla. En primer lugar, destaca la labor

Conclusiones

que han venido realizando los Observatorios del Patrimonio Cultural Sirio y del Tráfico Ilícito de Bienes Culturales, este último a iniciativa del ICOM. Ambos han destacado por su labor en la localización, el reconocimiento y la devolución de bienes culturales sirios vendidos ilegalmente. Su acción se ha visto reforzada, además, con la producción de legislación más severa para impedir el comercio y la importación de bienes culturales provenientes de regiones en conflicto como Siria, realizada por la Unión Europea y Estados Unidos recientemente. En segundo lugar, el pasado 17 de octubre la Unesco aprobó, con el apoyo de 53 países, la creación de un cuerpo específico de cascos azules para la protección del patrimonio cultural en regiones conflictivas. El equipo, formado por el momento por 30 *caravinieri* y 30 especialistas en patrimonio, se desplazará a aquellos lugares donde el patrimonio cultural pueda resultar afectado como consecuencia de desastres naturales o conflictividad social, una vez que el país miembro en cuestión lo solicite. No podrá actuar, en cambio, en zonas como las controladas por el Dáesh o en otros territorios en guerra como Siria, con lo cual, su efectividad en la protección de este patrimonio queda muy mermada.

Por otro lado, cabe resaltar la labor realizada durante estos cinco años por la DGAM, que, pese a la falta de transparencia mostrada por el sistema político y el gobierno del que depende, ha realizado una labor encomiable para mantener una información actualizada y certera sobre el patrimonio cultural que debe proteger, de manera que sus informes y mapas de patrimonio dañado y destruido han sido fundamentales para la realización del presente estudio. Además, esta institución ha puesto en marcha junto a Iconem el proyecto Syrian Heritage, que tiene por objetivo la digitalización en alta definición y en 3D del patrimonio en riesgo de ser destruido. El proyecto, absolutamente innovador en el campo de la preservación del patrimonio cultural, pretende que en el desgraciado caso de que sucesos similares a los de Palmira o Alepo se repitan, los bienes culturales destruidos se conserven, al menos, en formato digital, con las herramientas que esta iniciativa proporciona para la investigación de monumentos históricos desaparecidos. La realización de estas copias digitales se ejecuta a través del empleo de la fotogrametría, la utilización de escáneres láser 3D y drones, entre otras técnicas. Actualmente ya cuenta con modelos de lugares tan representativos como Ugarit, la Gran Mezquita de Damasco o el Crac de los Caballeros, al tiempo que se han reconstruido otros bienes culturales destruidos como el templo de *Bel*, en Palmira[29].

Por todo ello, no querría terminar sin hacer una breve referencia al uso de las nuevas tecnologías aplicadas ya no solo a la protección y la conservación del patrimonio cultural, sino también a su reconstrucción. La fotogrametría, los escáneres láser y las impresoras 3D se han revelado como herramientas fundamentales para la restitución de bienes culturales desaparecidos. La combinación de cada una de estas técnicas permite crear copias absolutamente certeras y detalladas de un bien cultural que, sin embargo, ya no existe. Por poner un ejemplo reciente, el pasado 19 de abril se presentaba en la plaza de Trafalgar de Londres una copia en mármol a escala 2/3 del Arco del Triunfo de Palmira, creado a partir de técnicas como las descritas. Este hecho marca un hito en la forma de entender la reconstrucción del patrimonio cultural destruido y abre interesantes puertas al futuro de la conservación, la restauración y el estudio de los bienes culturales.

---

29 Para más información sobre el proyecto, v.: http://iconem.com/syria.

Conclusiones

Las nuevas tecnologías, imprescindibles en la realización del presente estudio, brindan, de este modo, una oportunidad a la conservación y a la restitución, en formato digital, de los bienes culturales que no se han podido o no se han sabido proteger, a la espera de que los organismos internacionales tomen por fin resoluciones efectivas en el campo de la protección del patrimonio cultural sirio.

BIBLIOGRAFÍA

Bibliografía general sobre el patrimonio cultural de Siria:

ARCP (2014). *Compendium Country Profile. Cultural policy in Syria.* Beirut: ARCP

BALTY, J. Y RENGEN, W. (1993). *Apamea in Syria.* Bruselas: VUB Press.

BURNS, R. (2005). *Damascus: a History.* Londres: I.B .Tauris.

— (2009). *The Monuments of Syria.* Londres: I.B .Tauris.

CORPUS LEVANT (2004). *Traditional Syrian Architecture.* Avignon: École d'Avignon.

DALLEY, S. (1984). *Mari and Karana.* Londres: Gorgias Press.

HADJAR, A. y AL-JBAILI, k. (2000). *Historical Monuments of Aleppo.* Aleppo: Automobile and Touring Club of Syria.

JACQ, C. (1980). *Ramsés: la batalla de Qadesh.* Barcelona: Planeta.

KLUBER, G. (1962). *The Shape of Time. Remarks on the History of Things.* New Haven: Yale University Press.

MANSEL, P. (2016). *Aleppo. The Rise and Fall of Syria's Great Merchant City.* Londres: I.B. Tauris.

PERKINS, A. (1973). *The Art of Dura-Europos,* Londres: Claredon Press.

SEGAL, A. (1995). *Theatres in Roman Palestine and Provincie Arabia.* Leiden: E.J. Brill.

UNESCO (s.f.a) «Ancient City of Damascus», *Unesco World Heritage Centre*. http://whc.unesco.org/en/list/20 (25/04/16).

— (s.f.b). «Ancient City of Bosra», *Unesco World Heritage*. http://whc.unesco.org/pg.cfm?cid=31&id_site=22 (25/04/16).

— (s.f.c). «Site of Palmyra», *Unesco World Heritage Centre*. http://whc.unesco.org/en/list/23.

— (s.f.d). «Ancient City of Aleppo», *Unesco World Heritage Centre*. http://whc.unesco.org/en/list/21 (25/04/16).

— (s.f.e) «Crac des Chevaliers and Qal'at Salah El-Din», *Unesco World Heritage Centre*. http://whc.unesco.org/en/list/1229/ (25/04/16).

— (s.f.f). «Ancient Villages of Northern Syria», *Unesco World Heritage Centre*. http://whc.unesco.org/en/list/1348 (25/04/16).

— (s.f.g). «Apamée (Afamia)», *Unesco World Heritage Centre*. http://whc.unesco.org/en/tentativelists/1297/ (25/04/16).

— (s.f.h). «Ebla (Tell Mardikh)», *Unesco World Heritage Centre*. http://whc.unesco.org/en/tentativelists/1293/ (25/04/16).

— (s.f.i). «Maaloula», *Unesco World Heritage Centre*. http://whc.unesco.org/en/tentativelists/1299/ (25/04/16).

— (s.f.j). «Noréas de Hama», *Unesco World Heritage Centre*. http://whc.unesco.org/en/tentativelists/1291/ (25/04/16).

— (s.f.k). «Un Château du désert: Qasr al-Hayr ach-Charqi», *Unesco World Heritage Centre*. http://whc.unesco.org/fr/listesindicatives/1298/ (25/04/16).

— (s.f.l). «Raqqa-Ràfiqa: la cité abbasside», *Unesco World Heritage Centre*. http://whc.unesco.org/en/tentativelists/1302/ (25/04/16).

— (s.f.m). «Mari & Europos-Dura sites of Euphrates Valley», *Unesco World Heritage Centre*. http://whc.unesco.org/en/tentativelists/5702/ (25/04/16).

— (s.f.m). «Tartus: la cité-citadelle des Croisés», *Unesco World Heritage Centre*. http://whc.unesco.org/en/tentativelists/1301/ (25/04/16).

— (s.f.ñ). «L'île d'Arwad», *Unesco World Heritage Centre*. http://whc.unesco.org/en/tentativelists/1303/ (25/04/16).

— (s.f.o). «Ugrarit (Tell Shamra)», *Unesco World Heritage Centre*. http://whc.unesco.org/en/tentativelists/1292/ (25/04/16).

Bibliografía general sobre destrucción de patrimonio cultural:

BLAZINA, V. (1996). «Mémoricide ou la purification culturelle: la guerre contre les bibliothèques de Croatie et de Bosnie-Herzégovine», *Documentation et bibliothèques*, vol. 42, Montréal: Université de Montréal. http://www.kakarigi.net/manu/blazina.htm (09/03/16).

GAMBONI, D. (2014). *La destrucción del arte. Iconoclasia y vandalismo desde la Revolución Francesa*. Madrid: Cátedra.

LAMBOURNE, N. (2001). *War Damage in Western Europe. The Destruction of Historic Monuments During the Second World War*. Edimburgo: Edimburgh University Press.

SÁNCHEZ, A. (2015). «La destrucción del patrimonio cultural como objetivo bélico: el caso de Bosnia (Conferencia)». En IPCE (Coord.), *Curso de emergencias y gestión de riesgos en patrimonio cultural: estrategias y capacidades*, Madrid, IPCE.

Bibliografía sobre la protección del patrimonio cultural y la protección del patrimonio cultural en caso de conflicto armado:

CONFERENCIA DE BRUSELAS (1874). *Conferencia de Bruselas*, Bruselas.

CONFERENCIA DE LA HAYA (1907). *Conferencia de La Haya*, La Haya.

DE RUEDA, F.J (1999). «La protección internacional del patrimonio cultural en caso de conflicto armado», en *Locus amoenus*. Nº4. Barcelona: Universidad Autónoma de Barcelona.

ICOM (2013). *Red List of Syrian Cultural Objects at Risk*. París: ICOM

MECD (2015). *Plan Nacional de Emergencias y Gestión de Riesgos en Patrimonio Cultural*. Madrid: IPCE.

OIM (1931). *Carta de Atenas*. Atenas: Oficina Internacional de Museos.

ONU (2013). *Glosario de términos relativos a los procedimientos de los tratados*, Colección de Tratados de la ONU. http://www.un.org/es/treaty/glossary.shtml#acceptance_(06/03/16).

RAMSKJAER, L. (2011). «The 1970 Unesco Convention on the Means of Prohibiting and Preventing the Illicit Import, Export and Transfer of Ownership of Cultural Property», en *Stop heritage crime. Good practices and* recommendations. Varsovia: The National Heritage Board of Poland Archive.

UNESCO (1945). *Constitución de la Organización de las Naciones Unidas para la Educación, la Ciencia y la Cultura*. Londres.

— (1954a). *Convención de la Haya, de 14 de mayo de 1954, para la Protección de los Bienes Culturales en caso de Conflicto Armado*. La Haya.

— (1954b). *Protocolo a la Convención para la Protección de los Bienes Culturales en Caso de Conflicto Armado de 1954*. París.

— (1964). *Recomendación, de 19 de noviembre de 1964, sobre las Medidas Encaminadas a Prohibir e Impedir la Exportación, Importación y Transferencia de Propiedad Ilícitas de Bienes Culturales*. París.

— (1970). *Convención, de 14 de noviembre de 1970 sobre las Medidas que Deben Adoptarse para Prohibir e Impedir la Importación, la Exportación y la Transferencia de Propiedad Ilícitas de Bienes Culturales*. París.

— (1972a). *Recomendación, de 16 de noviembre de 1972, sobre la Protección, en el Ámbito Nacional, del Patrimonio Cultural y Natural*. París.

— (1972b). *Convención, de 21 de noviembre de 1972, sobre el Patrimonio Mundial, Cultural y Natural*. París.

— (1982). *Declaración de México sobre las Políticas Culturales. Conferencia Mundial sobre las Políticas Culturales*. Méjico D.F.

— (1999). *Segundo Protocolo de la Convención de la Haya*. La Haya.

— (2001). *Convención, de 2 de noviembre de 2001, para la Protección del Patrimonio Cultural Subacuático*. París.

— (2003). *Convención, de 17 de octubre de 2001, para la Salvaguardia del Patrimonio Cultural Inmaterial*. París.

— (2016b). *Conflicto Armado y Patrimonio. Convención para la Protección de los Bienes Culturales en Caso de Conflicto Armado – 1954*. http://www.unesco.org/new/es/culture/themes/armed-conflict-and-heritage/the-hague-convention/ (12/04/16).

— (2016c). *Conflicto Armado y Patrimonio. Segundo Protocolo de la Convención de La Haya*. http://www.unesco.org/new/es/culture/themes/armed-conflict-and-heritage/the-2nd-protocol-1999/ (12/04/16).

— (2016d). *Tráfico Ilícito de Bienes Culturales. Convención sobre las Medidas que Deben Adoptarse para Prohibir e Impedir la Importación, la Exportación y la Transferencia de Propiedad Ilícitas de Bienes Culturales – 1970*. http://www.unesco.org/new/es/culture/themes/illicit-trafficking-of-cultural-property/1970-convention/ (12/04/16).

SIRIA (1947). *Decreto Legislativo 88, de 30 de junio de 1947, para el Establecimiento de la Dirección General de Antigüedades y Museos*. Damasco.

— (1949). *Decreto Legislativo 148, de 22 de mayo de 1949, del Código Penal sobre la Destrucción de Monumentos Históricos*. Damasco.

— (1963). *Ley 222, de 26 de octubre de 1963, del Régimen de las Antigüedades*. Damasco.

— (2012). *Constitución de la República Árabe de Siria*. Damasco.

Bibliografía sobre la guerra civil siria:

AAAS (2013). *Conflict in Aleppo, Syria: a Retrospective Analysis*. Washington: AAAS.

ACNUR (2015). *Emergencia en Siria*. http://www.acnur.org/t3/que-hace/respuesta-a-emergencias/emergencia-en-siria/ (07/03/16).

AFP (19/02/2012). «Syria's Ancient Desert City Besieged: Residents», *Le Point*. http://www.lepoint.fr/monde/syrie-palmyre-la-cite-antique-en-etat-de-siege-19-02-2012-1432906_24.php (15/02/16).

AL-KHALED, M. (2013). «The World's Neglect of the Syrian Humanitarian and Medical Crises», *The Lancet*, vol. 381, nº 9873, abril 2013. http://dx.doi.org/10.1016/S0140-6736(13)60790-4 (08/04/16).

AMNISTÍA INTERNACIONAL (2016). *Syria 2015/2016 Anual Report.* https://www.amnesty.org/en/countries/middle-east-and-north-africa/syria/report-syria/ (14/02/16)

CARETTI, G. (27/07/12). «Alepo, la batalla que puede cambiar el curso de la guerra de siria». *RTVE.* http://www.rtve.es/noticias/20120727/alepo-batalla-puede-cambiar-guerra-siria/550903.shtml (15/0216).

CEMBRERO, I. (27/07/2012). «La madre de todas las batallas», *El País.* http://internacional.elpais.com/internacional/2012/07/27/actualidad/1343413502_229417.html (15/02/16).

COCKBURN, P. (2015). *The Rise of the Islamic State and the New Suni Revolution.* Londres: Verso.

DAILY STAR LEBANON (08/05/2014). «Rebel Exodus from Old Homs Marks the end of Two-Year Siege», *The Daily Star Lebanon.* http://www.dailystar.com.lb/News/Middle-East/2014/May-08/255706-rebel-exodus-from-old-homs-marks-end-of-two-year-siege.ashx (17/02/16).

FRANCE-PRESSE (29/09/2012). «Fighting Rages on in Syria's Aleppo», *AFP.*

GALEN, T. (2013). «The Syrian Civil War and its Implications», *Mediterranean Quarterly*, 24. http://object.cato.org/sites/cato.org/files/articles/tgc_med_quart_winter_2013.pdf (17/02/16).

ISW (2016). *Russian, Syrian, Iranian Coalition Seizes ISIS Held Palmyra.* http://www.understandingwar.org/backgrounder/russian-syrian-iranian-coalition-seizes-isis-held-palmyra (03/05/16).

JORDÁN, J. (2016). «El Dáesh en Oriente Medio, una amenaza en evolución», en Instituto Español de Estudios Estratégicos (coord.), *Panorama estratégico 2016.* Madrid: Ministerio de Defensa.

LA VANGUARDIA. (15/03/2016). «La guerra siria en cifras». *La Vanguardia*. http://www.lavanguardia.com/internacional/20160315/40446327032/siria-cinco-anos-guerra.html (16/03/16).

MARTINEZ, Á. (15/02/16). «Guerra mundial en Alepo», *El Confidencial*. http://www.elconfidencial.com/mundo/2016-02-15/mini-guerra-mundial-en-alepo_1152324/ (15/02/16).

MORRIS, L. (26/07/12). «Syria Rebels and Regime Troops Mass in Aleppo for the Battle that Could Decide the War», *The Independent*. http://www.independent.co.uk/news/world/middle-east/syria-rebels-and-regime-troops-mass-in-aleppo-for-the-battle-that-could-decide-the-war-7976726.html (15/02/16).

ONU (2013). *United Nations Mission to Investigate Allegations of the Use of Chemical Weapons in the Syrian Arabic Republic. Final Report*. http://www.un.org/ga/search/view_doc.asp?symbol=A/68/663

ORBE, J. (2013). «La guerra civil en Siria y la geopolítica mundial», *AFESE*, 58, http://www.afese.com/img/revistas/revista58/guerrasiria.pdf (15/02/16).

PERAZZO, N. (2012). «El conflicto sirio y el apoyo de los aliados», *IEEE: Ministerio de Defensa*.

RENGEL, C. (14/01/2014). «Un grupo yihadista arrebata el control de Raqqa a otros rebeldes», *El País*. http://internacional.elpais.com/internacional/2014/01/14/actualidad/.html (29/03/16).

RTVE (14/03/2016). «Quinto aniversario de la guerra en Siria, un conflicto que ha causado casi 300 000 muertos», *Telediario*. http://www.rtve.es/alacarta/videos/telediario/quinto-aniversario-guerra-siria-conflicto-causado-mas-300000-muertos/3522400/ (27/03/16).

SANCHA, N. (31/05/2015). «Raqqa, el paraíso de los yihadistas», *El País*. http://internacional.elpais.com/internacional/2015/05/31/actualidad/1433098149_225597.html (12/02/16).

SHRC (2005). *The Massacre of Hama: Law Enforcement Requires Accountability*. http://web.archive.org/web/20130528222037/http://www.shrc.org/data/aspx/d3/53.aspx (04/01/16).

SN4HR (2016). *Regime Forces Targeted Bel Temple in Palmyra city in Homs Governorate in February 10.* http://sn4hr.org/blog/2016/02/11/18241/ (24/03/16).

SOHR (15/03/16). *About Two Million and a Half Killed and Wounded Since the Beginning of the Syrian Revolution.* http://www.syriahr.com/en/?p=45095 (25/03/16).

VOX (14/10/2015). «Syria's War: Who is Fighting and Why», *VOX* https://www.youtube.com/watch?v=NKb9GVU8bHE_(0402/16).

WRIGHT, R. (2008). *Dreams and Shadows: The Future of the Middle East.* Londres: Penguin.

Bibliografía sobre destrucción de patrimonio cultural en Siria:

AAAS (2014a). *Ancient History, Modern Destruction. September 2014.* Washington: AAAS.

— (2014b). *Ancient History, Modern Destruction December 2014.* Washington: AAAS.

AL-KHABOUR, A. (2015a). *El conflicto armado en Siria y su repercusión sobre el patrimonio cultural. Vol I. Inventario del Patrimonio Cultural afectado en la provincia de Deir ez-Zor (marzo 2011-marzo 2015)*: DGAM.

— (2015b). *El conflicto armado en Siria y su repercusión sobre el patrimonio cultural. Vol II. Inventario del Patrimonio Cultural afectado en la provincia de Raqqa (marzo 2011-marzo 2015)*: DGAM.

— (2015a). *El conflicto armado en Siria y su repercusión sobre el patrimonio cultural. Vol III. Inventario del Patrimonio Cultural afectado en la provincia de al-Hasaka (marzo 2011-marzo 2015)*: DGAM.

AL-AZM, A. (26/08/2015). «Why is ISIL Targetting Cultural Heritage», *Inside the Story, Al-Jazeera.* http://www.aljazeera.com/programmes/insidestory/2015/08/isil-targeting-cultural-heritage-150825181431506.html (25/04/16).

APSA (2015a). *Bosra: Bombing the Citadel by Government forces 09.06.2015.*

— (2015b). *Bosra the Roman Theatre Severely Damage by Two Barrels of TNT Dropped by the Syrian Air Forces On 22.11.2015.* http://apsa2011.com/apsanew/bosra-the-roman-theater-in-bosra-is-severely-damaged-by-two-barrels-of-tnt-dropped-by-the-syrian-air-forces-on-22-12-2015/ (04/02/16).

ASOR (2015a) ASOR CHI: «Weekly Report 57-58, September 2-15, 2015», NEA-PSHSS-14-001, *Planning for Safeguarding Heritage Sites in Syria and Irak.*

— (2015b). ASOR CHI: «Weekly Report 49, July 24, 2015», NEA-PSHSS-14-001, *Planning for Safeguarding Heritage Sites in Syria and Irak.*

— (2015c). ASOR CHI: «Weekly Report 35, April 6, 2015», NEA-PSHSS-14-001, *Planning for Safeguarding Heritage Sites in Syria and Irak.*

— (2015d). ASOR CHI: «Weekly Report 42-43, June 2, 2015», NEA-PSHSS-14-001, *Planning for Safeguarding Heritage Sites in Syria and Irak.*

— (2015e). ASOR CHI: «Weekly Report 25, January 26, 2015», NEA-PSHSS-14-001, *Planning for Safeguarding Heritage Sites in Syria and Irak.*

— (2016a). ASOR CHI: «The Recapture of Palmyra», *Special Report*. http://www.asor-syrianheritage.org/4290-2/ (07/05/16).

— (2016b). ASOR CHI: «Weekly Report 77-78, January 20, 2016», NEA-PSHSS-14-001. *Planning for Safeguarding Heritage Sites in Syria and Irak*.

— (2016c). ASOR CHI: «Weekly Report 81-82, February-March, 2016», NEA-PSHSS-14-001. *Planning for Safeguarding Heritage Sites in Syria and Irak*.

AYESTARAN, M. (09/06/2014). «La guerra arrasa la cuna del arameo en Siria», *ABC*. http://www.abc.es/internacional/20140609/abci-guerra-siria-malula-201406081715.html (16/02/16).

BBC (24/04/13). «Syria Clashes Destroy Ancient Aleppo Minaret», *BBC*. http://www.bbc.com/news/world-middle-east-22283746 (16/03/16).

— (22/03/2014). «Syria Crusader Castle Crac des Chevaliers Has War Scars», *BBC Middle East*. http://www.bbc.com/news/world-middle-east-26696113 (21/04/16).

BRAND, A. (26/08/2015). «Why is ISIL Targeting Cultural Heritage», *Inside the Story, Al-Jazeera*.http://www.aljazeera.com/programmes/insidestory/2015/08/isil-targeting-cultural-heritage-150825181431506.html (14/04/16).

CASANA, J. (2015). «Imagery-Based Analysis of Archaeological Looting in Syria», *Near Eastern Archaeology, Special Issue: the Cultural Heritage Crisis in the Middle East* vol. 78, n°3, septiembre: ASOR. http://www.jstor.org/stable/10.5615/neareastarch.78.3.0142 (15/04/16).

CASANA, J. Y PANAHIPOUR, M. (2014). «Satellite-Based Monitoring of Looting and Damage to Archaeological Sites in Syria», *Journal of Eastern Mediterranean Archaeology and Heritage Studies*, vol. 2, n° 2, septiembre, Pensilvania: The Pennsylvania State University.

CEBRIÁN, P. (02/11/2014). «Coleccionistas privados de arte "encargan" piezas exclusivas al Estado Islámico», *El Confidencial*. http://www.elconfidencial.com/mundo/2014-11-02/coleccionistas-de-arte-occidentales-encargan-piezas-al-estado-islamico_431891/ (01/02/16).

CHEIKHMOUS, A. (2014). «Siria, la destrucción sistemática del patrimonio». *AFKAR/Ideas*. Nº 43. Otoño de 2014. http://www.politicaexterior.com/articulos/afkar-ideas/siria-la-destruccion-sistematica-del-patrimonio/ (14/04/16).

CUNLIFFE, E. (2012). *Damage to the Soul: Syria's Cultural Heritage in Conflict*, California: World Heritage Found.

— (Coord.) (2014). «Report on Damage Sustained to Syria's Heritage in 2014», en BAENA (coord.) *Congreso BAENA AGM*, 10 de febrero de 2014, Durham. https://www.academia.edu/5797992/Summary_Report_on_heritage_damage_during_the_Conflict_in_Syria_given_to_the_BANEA_AGM_January_2014 (27/03/16).

DANTI, M. (2015). «Ground-Based Observation of Cultural Heritage Incidents in Syria and Iraq», *Near Eastern Archaeology Special Issue: the Cultural Heritage Crisis in the Middle East* vol. 78, nº3, septiembre: ASOR. http://www.jstor.org/stable/10.5615/neareastarch.78.3.0132

DGAM (2013). *The Status of Syrian Antiquities until Feb. 1, 2013*. http://dgam.gov.sy/index.php?d=309&id=717 (18/03/16).

— (2014a). *Report on Damage Affecting Historical Buildings in Maalula*. http://www.dgam.gov.sy/index.php?d=314&id=1261 (18/03/16).

— (2014b). *Photos: Burning of the Historic Norea Gabariyya in Hama*. http://www.dgam.gov.sy/index.php?p=314&id=1374 (21/04/16).

— (2014c). *Selling Syrian Stolen Artifact at Auction in London Withdrawn*. http://dgam.gov.sy/index.php?p=314&id=1210 (18/03/16).

— (2015a). *Interactive Map of Conflicted Archaeological Sites*. http://www.dgam.gov.sy/damages/eHomepage.php (21/05/16).

— (2015b). *Arch of Triumph of Pamyra upon Destruction of ISIS*. http://dgam.gov.sy/index.php?d=314&id=1823 (21/04/16).

— (2015c). *Physical Damages at the Main Gate of the Citadel of Aleppo*. http://www.dgam.gov.sy/index.php?d=314&id=1857 (04/04/16).

— (2015d). *Tunnel Bomb in Old City of Aleppo*. http://www.dgam.gov.sy/index.php?d=314&id=1579 (04/04/16).

— (2015e). *Northern Country Side of Hama: Damages at the Shaizar Waterwheel*. http://www.dgam.gov.sy/?d=314&id=1643 (18/03/16).

— (2015f). *Illegal excavations are Still Going on at Mari and Dura Europos Archaeological Sites*. http://www.dgam.gov.sy/index.php?d=314&id=1597 (21/04/16).

— (2015g). *Ancient City of Aleppo: Severe Damage at the Armenian Orthodox Church of Forty Martyrs*. http://www.dgam.gov.sy/index.php?d=314&id=1670 (15/03/16).

— (2016a). *Huge Fire Breaks Out in Ancient City of Damascus*. http://www.dgam.gov.sy/?d=314&id=1975 (24/05/16).

EFE, (29/09/2012). «Un incendio consume el histórico zoco de Alepo tras un ataque». *El Mundo*. http://www.elmundo.es/elmundo/2012/09/29/internacional/1348937896.html (2/0/03/16).

GIL, J y TOSCANO, V. (2013). «Sin patrimonio, sin alma. La destrucción del patrimonio artístico e histórico en Siria», *Instituto de Español de Estudios Estratégicos*: Ministerio de Defensa. http://www.ieee.es/publicaciones-new/documentos-de-opinion/2013/DIEEEO110-2013.html (07/03/16).

GUIDETTI, M. y PERINI, S. (2015). «Civil War and Cultural Heritage in Syria, 2011-2015», *Syrian Studies Association Bulletin*, vol. 20, nº1. https://ojcs.siue.edu/ojs/index.php/ssa/article/view/3115/1128 (07/03/16).

HARMANSAH, Ö. (2015). «ISIS, Heritage and the Spectacles of Destruction in the Global Media», *Near Eastern archaeology*, vol. 78, nº3, septiembre 2015: ASOR. http://www.jstor.org/stable/10.5615/neareastarch.78.3.0170 (10/04/16).

HERITAGE FOR PEACE (2014). *Protection of Cultural Heritage During Armed Conflict Situation Report: the Aleppo No Strike List*. http://www.heritageforpeace.org/wp-content/uploads/2014/05/Current-Situation-Report-Aleppo-abbreviated.pdf (02/02/16).

— (2015). «Daños al patrimonio cultural de Siria, 2 de abril de 2015». *Boletín semanal de daños.*

— (s.f.). *Demographics.*

http://www.heritageforpeace.org/syria-country information/geography/ (08/03/16).

HPI (2015). «A Field Survey of the Historic City of Apamea», *The Day After Heritage Protection Initiative Project, Observer's Project in Idlib city.*

— (2016). «Rapid Assessment Report of the Russian Airstrikes on Ebla. February 2016». *The Day After Heritage Protection Initiative project.*

HUFFINGTON POST (04/02/2016). «Un dron muestra la devastación total de la ciudad siria de Homs, cercada durante cuatro años», *Huffington Post.* http://www.huffingtonpost.es/2016/02/04/video-drone-siria-homs_n_9156506.html (04/02/16).

LAMB, F. (2015). *Syria's Endangered Heritage: An International Responsibility to Protect and Preserve*. Tesis Doctoral. Hama: Orontes Publishing House LTD.

LOSTAL, M. (26/08/2015). «Why is ISIL Targeting Cultural Heritage», *Inside the Story, Al-Jazeera*.http://www.aljazeera.com/programmes/insidestory/2015/08/isil-targeting-cultural-heritage-150825181431506.html_(09/04/16).

(s.f.). *Unesco patrimonio mundial-organización,* MECD. http://gl.www.mcu.es/patrimonio/MC/PatrimonioMundial/Organizacion.html (06/03/16).

MUSTAFA, B. (2016). «Patrimonio cultural sirio en peligro». *Meah, sección árabe-islam.* Nº 65. http://meaharabe.com/index.php/meaharabe/article/view/400 (13/04/16).

NAKASIS, A. y LIANOS, N. (2015). «Syria: The Impact of the Civil War on the Cultural Heritage». *Heritage at Risk.* http://dx.doi.org/10.11588/hr.2014.0.20046 (13/04/16).

SEHMER, A. (05/10/2015). «Isis Guilty of Cultural Cleansing Across Syria and Irak, Unesco Chief Irina Bokova Says», *The Independent.* http://www.independent.co.uk/news/world/middle-east/unesco-chief-irina-bokova-accuses-islamist-groups-of-cultural-cleansing-isis-a6679761.html (12/03/16).

THE ANTIQUITIES COALLITION (2016). *Culture Under Threat Map*: The Antiquities Coallition. https://theantiquitiescoalition.org/culture-under-threat-map/ (25/05/16).

UNITAR. (2014). *Satellite-Based Damage Assessment to Cultural Heritage Sites in Syria*: UNITAR.

YATES, D. (2016). 1.24. «Count the Holes: the Looting of Apamea, Syria», *Antiquities Trafficking and Art Crime. Online course.* University of Glasgow: Futurelearn.

ANEXO GENERAL

1. Inventario de bienes culturales dañados o destruidos en la guerra civil siria (2011-mayo 2016)

En el siguiente inventario quedan ordenados por localización, tipo de bien cultural y nivel de daños, acorde a los parámetros estipulados por la Unesco a través del estudio realizado por UNITAR (2014), los bienes culturales dañados o destruidos durante la guerra civil en Siria, entre los años 2011 y mayo de 2016. De esta forma, los bienes culturales aparecerán:

- *Destruidos:* cuando entre el 75 % y el 100 % de la estructura haya sido destruida.

- *Seriamente dañados:* cuando entre el 30 % y el 75 % de la estructura haya sido dañada y/o exista actividad civil o militar muy significativa sobre el bien cultural o conjunto histórico, arqueológico o monumental.

- *Moderadamente dañados:* cuando entre el 5 % y el 30 % de la estructura haya sido dañada y/o exista daño limitado a algunas estructuras y/o exista cierta actividad civil o militar.

- *Posiblemente dañados:* cuando existan indicios de daño o se conozca la existencia de escombros, pero no sea posible determinar el nivel de daños.

Además, en la medida de lo posible se ha especificado otra información relevante sobre la causa del daño, su impacto o la incidencia específica sobre los bienes culturales damnificados o destruidos.

Asimismo, para la elaboración de este inventario se ha partido de los datos del inventario oficial de bienes culturales dañados o destruidos durante la guerra civil en Siria, elaborado por la DGAM en 2015 con datos hasta febrero de ese año. Sobre esa base, se han añadido los datos recopilados a lo largo del trabajo no solo para lo que llevamos del año 2016, sino también con información nueva sobre incidentes ocurridos en años anteriores que, sin embargo, no aparecían en el citado inventario. Para ello, se han tomado como referencia los estudios e inventarios parciales de:

- AAAS (2014a, 2014b).

- UNITAR y la Unesco (2014).

- Los inventarios parciales realizados por el investigador al-Khabour (2015a, 2015b, 2015c) sobre los bienes culturales dañados o destruidos en Siria desde el año 2011 en las gobernaciones de al-Hasaka, Raqqa y Deir ez-Zor.

- El mapa interactivo de bienes culturales dañados, destruidos o en peligro por la acción de grupos terroristas, elaborado por *The Antiquities Coalliton* (2015).

- Los informes diarios, semanales, mensuales y especiales realizados por la DGAM, *Heritage for Peace*, ASOR y HPI.

- La información suministrada por la asociación APSA.

Anexo General

- La información proporcionada por los medios de comunicación, debidamente contrastada.

Finalmente, se han establecido totales relativos sobre los bienes culturales dañados y destruidos por lugar y gobernación, y también un total global de bienes culturales dañados o destruidos en Siria hasta mayo de 2016.

GOBERNACIÓN DE AL-HASAKA

Localizaciones en la gobernación de al-Hasaka

BIENES CULTURALES	DAÑOS				OTROS	TOTAL
	Destruido	Serio	Moderado	Posible		
Yacimientos y *tell*		Beri			Excavaciones ilegales; destrucción tumbas	105*
		Brak			Excavaciones ilegales; saqueo almacenes; construcción	
			Hamukar		Excavaciones ilegales	
			Jataal		Excavaciones ilegales	
			Mabtouh		Excavaciones ilegales	
		Mohammed Diyab			Excavaciones ilegales; saqueo almacenes	
			Sulaiman Sari al-gharbi		Excavaciones ilegales; construcción	
			Tash al-gharbi		Excavaciones ilegales; construcción	
			Umm Hujayrah		Excavaciones ilegales	
		'Ajajah gharbi			Excavaciones ilegales; construcción	
			'Ajajah Sharqi		Excavaciones ilegales	
			'Alokar houk		Excavaciones ilegales; construcción	
			Abu Ra'sin		Construcción; ocupación militar	
			Ahmar		Construcción; ocupación militar	
			Bajaryieh		Excavaciones ilegales	
			Baw'a		Excavaciones ilegales	
			Breij		Excavaciones ilegales	
		Fadghami			Excavaciones ilegales	

Anexo General

GOBERNACIÓN DE AL-HASAKA

Localizaciones en la gobernación de al-Hasaka

BIENES CULTURALES	DAÑOS				OTROS	TOTAL
	Destruido	Serio	Moderado	Posible		
Yacimientos y *tell*			Fakheriye		Saqueo equipamiento	105*
			Farfarah		Excavaciones ilegales	
	Hadi				Excavaciones ilegales; ocupación militar	
			Halaf		Excavaciones ilegales	
	Harmel				Choque directo e indirecto	
		Hormez			Incendio iglesia	
			Khazneh		Excavaciones ilegales	
		Khrab al-Jear			Excavaciones ilegales; construcción	
			Leilan		Excavaciones ilegales	
			Mabtouh Sharqi		Excavaciones ilegales	
			Mo'zar		Excavaciones ilegales	
		Neton			Excavaciones ilegales	
		Qasrok			Excavaciones ilegales; construcción	
		Qunbor			Excavaciones ilegales	
			Rashiediyah al-janobi		Excavaciones ilegales	
		Romman Foqani			Excavaciones ilegales; construcción; ocupación militar	
			Sabha Fouqani		Excavaciones ilegales; construcción	
			Safouk		Construcción	

GOBERNACIÓN DE AL-HASAKA

Localizaciones en la gobernación de al-Hasaka

BIENES CULTURALES	DAÑOS				OTROS	TOTAL
	Destruido	Serio	Moderado	Posible		
Yacimientos y *tell*			Seker al-Aheimer		Excavaciones ilegales	105*
			Shadady		Excavaciones ilegales	
			Sheikh Salem		Excavaciones ilegales	
		Shufah			Excavaciones ilegales; construcción	
	Taban				Construcción	
	Ta'alaki				Excavaciones ilegales; construcción; ocupación; choques	
				'Arian		
			Abu Hajar		Varios	
			Bir Hsan		Excavaciones ilegales	
			Hadad		Excavaciones ilegales; construcción	
			Jassa		Excavaciones ilegales	
	Jisr Ain Diwar					
			Kherbet Abu Fashaka		Excavaciones ilegales	
			Kherbet al-Bouab		Construcción	
			Kherbet al-Sawda		Excavaciones ilegales	
			Kherbet Bawi		Excavaciones ilegales	
			Kherbet Houra		Excavaciones ilegales	

GOBERNACIÓN DE AL-HASAKA

Localizaciones en la gobernación de al-Hasaka

BIENES CULTURALES	DAÑOS				OTROS	TOTAL
	Destruido	Serio	Moderado	Posible		
Yacimientos y *tell*			Kherbet Zarqafa al-Jawadiyeh		Excavaciones ilegales	105*
			Khrab al-bir		Excavaciones ilegales; construcción	
			Kirki-latifiyeh		Excavaciones ilegales	
			Maqbara		Excavaciones ilegales	
			Mascudiya		Excavaciones ilegales; construcción	
			Oum Hijaira		Excavaciones ilegales	
			Qubbat Mansur		Excavaciones ilegales	
			Sadidiya		Varios	
			Aatshan		Construcción	
			Abu Hamda		Excavaciones ilegales	
			Abu Hfour		Construcción	
			al-Bajariyah		Excavaciones ilegales	
			al-Barda		Excavaciones ilegales	
			al-Gharra		Construcción	
			al-Hasakeh		Excavaciones ilegales	
			al-Khalil		Excavaciones ilegales	
			al-Lahm		Excavaciones ilegales	
			al-Madina		Excavaciones ilegales	

GOBERNACIÓN DE AL-HASAKA

Localizaciones en la gobernación de al-Hasaka

BIENES CULTURALES	DAÑOS				OTROS	TOTAL
	Destruido	Serio	Moderado	Posible		
Yacimientos y *tell*			al-Merza		Excavaciones ilegales	105*
			Qarasa		Excavaciones ilegales	
			Shadadi		Excavaciones ilegales	
			Arzana		Excavaciones ilegales	
			Aylun		Excavaciones ilegales	
			Barzan		Construcción	
			Bathah		Excavaciones ilegales	
			Buthah		Excavaciones ilegales	
			Beydar		Construcción	
			Bazar		Ocupación militar	
			Cholma-Foqani		Excavaciones ilegales	
			Damkhiya Kabira		Construcción	
			Ghazal		Excavaciones ilegales	
			Haji Nassir		Excavaciones ilegales	
			Hamis		Construcción	
			Hassana		Excavaciones ilegales	
			Jazira		Construcción	
			Jahsh		Excavaciones ilegales; construcción	

Anexo General

GOBERNACIÓN DE AL-HASAKA
Localizaciones en la gobernación de al-Hasaka

BIENES CULTURALES	DAÑOS				OTROS	TOTAL
	Destruido	Serio	Moderado	Posible		
Yacimientos y *tell*			Khanzir		Excavaciones ilegales; construcción	105*
			Khazouq		Construcción	
			Kidr		Excavaciones ilegales	
			Majdal		Construcción	
			Marthiya		Excavaciones ilegales	
			Mouazar		Excavaciones ilegales	
			Swar		Excavaciones ilegales	
			Sara		Varios	
			Qouliyah		Construcción	
			Oum Gargan		Construcción	
			Shokir		Excavaciones ilegales	
			Shresi		Excavaciones ilegales	
			Shorak		Varios	
			Sheikh Maad		Excavaciones ilegales	
			Zoubashi		Construcción	
Otros		Qal'at Sukarah	Qal'at al Hadi		Excavaciones ilegales; ocupación militar; construcción	2
					Robo	
TOTAL	5	13	88	1		107

*Total repetido en todas las páginas

GOBERNACIÓN DE ALEPO — Ciudad de Alepo

BIENES CULTURALES	DAÑOS				OTROS	TOTAL
	Destruido	Serio	Moderado	Posible		
Mezquitas	Khusruwiye				bombardeo	40*
	al-Khasrafiya				Masivo	
	al-Maidany				Masivo	
	al-Otrush				Minarete y estructura	
	al-Sahibah				Masivo	
	al-Sultan				Masivo	
	al-Sultaniyah				Choque directo e indirecto	
	al-Turantaiyah				Masivo	
	Banqusa				Masivo	
	Qadi Askar				Masivo	
	Qarlaq				Masivo	
	Qastal al-Harami				Intencionado. Explosión	
		al-Othmaniyeh			Varios	
		Sahet al-Milh			Minarete	
		Gran Mezquita de Alepo			Choque directo e indirecto; explosión; incendio	
		Amiri (Haj Musa)			Varios	
		Ughulbak			Varios	
		Firdaws			Varios	

Anexo General

BIENES CULTURALES	GOBERNACIÓN DE ALEPO / Ciudad de Alepo					
	DAÑOS				OTROS	TOTAL
	Destruido	Serio	Moderado	Possible		
Mezquitas		al-Mehmendar	al-Adiliyya		Estructura y minarete	40*
			al-Haddadin		estructura y minarete	
			al-Kamaliya			
			Bakhti			
			Bahramiya			
			al-Tavashi			
			Kizawani			
			Haddadin			
			Saffahiya			
			al-Fustoq			
				Naqusa		
				al-Tut		
				Qiqan		
				Sharaf		
				Aslan Dada		
				Qastalal-Harami (Bardbak)	Intencionado. Explosión	

BIENES CULTURALES	GOBERNACIÓN DE ALEPO / Ciudad de Alepo / DAÑOS					
	Destruido	Serio	Moderado	Posible	OTROS	TOTAL
Mezquitas	Khusruwiye			Dabbagha al-Atiqa		40*
	Sharafiya			Zarkashi		
	al-Adliiya			al-Shuabiyeh	Parcial entrada. Choques	
	al-Turantaiyah			al-Aqsarawi		
		Shabakhtiye		al-Bashir		
		Al-Halawiya			Masivo	16*
		Yashbakiya				
			Zahiriye		Masivo	
			Al-Sahibiye		Masivo	
Madrasas			Ahmadiya		Masivo	
			Firdows			
			Muqaddamiye			

Anexo General

GOBERNACIÓN DE ALEPO

Ciudad de Alepo

BIENES CULTURALES	DAÑOS				OTROS	TOTAL
	Destruido	Serio	Moderado	Posible		
Madrasas			Sultaniye			16*
			al-ahmadiyah	Kiltawiye		
		al- Nahasin		Othmaniye		
		Yalbougha an-Nasry				
Hammams			al-Sahibiye	Firdowz	Choques; falta de mantenimiento	7
			Sultaniye	Halawiye		
				Hammam Zoco al-Ghazal		
Zocos	Aqqadin				Choques directos; incendios	45*
	Bazerjiya				Choques directos; incendios	
	Dra'				Choques directos; incendios	
	Haraj				Choques directos; incendios	
	Manadil				Choques directos; incendios	
	New Istanbul				Choques directos; incendios	

BIENES CULTURALES	GOBERNACIÓN DE ALEPO					
		DAÑOS				TOTAL
		Ciudad de Alepo				
	Destruido	Serio	Moderado	Posible	OTROS	
Zocos	Qawooqijiya				Choques directos; incendios	45*
	Siyagh				Choques directos; incendios	
	Cham				Choques directos; incendios	
	al-Suweiqa				Choques directos; incendios	
	al-Tarabishiya				Choques directos; incendios	
	al-Ubi				Choques directos; incendios	
	al-Zaher (al-ajai) Bab al-Hadid				Choques directos; incendios	
	Wara al-Jame				Choques directos; incendios	
	al-Zirb				Choques directos; incendios	
	Bab Antakeya				Choques directos; incendios	
	Kahn al-Tutun				Choques directos; incendios	
	Qarah Qimash				Choques directos; incendios	
	Hadadin				Choques directos; incendios	
	De los Junfas				Choques directos; incendios	
		Atiqa			Choques directos; incendios	
		Battiya			Choques directos; incendios	
		Ebi			Choques directos; incendios	
		Hibal			Choques directos; incendios	

Anexo General

GOBERNACIÓN DE ALEPO

Ciudad de Alepo

BIENES CULTURALES	DAÑOS				OTROS	TOTAL
	Destruido	Serio	Moderado	Posible		
Zocos		Hur			Choques directos; incendios	45*
		Hammam			Choques directos; incendios	
		Irmayatiya			Choques directos; incendios	
		Karamash			Choques directos; incendios	
		al-Atarin			Choques directos; incendios	
		Aslan Dada			Choques directos; incendios	
		al-Madina			Choques directos; incendios	
		Zarb			Choques directos; incendios	
		Surmanatiya			Choques directos; incendios	
		Sham			Choques directos; incendios	
		Saqatiya			Choques directos; incendios	
		Sabun			Choques directos; incendios	
		Old Istanbul			Choques directos; incendios	
		Khan al-Farayyin			Choques directos; incendios	
		Kassabiya			Choques directos; incendios	
			Halawiya		Choques directos; incendios	
			Jukh		Choques directos; incendios	
			Bahramiya		Choques directos; incendios	

BIENES CULTURALES	GOBERNACIÓN DE ALEPO / Ciudad de Alepo					
	DAÑOS				OTROS	TOTAL
	Destruido	Serio	Moderado	Posible		
Zocos			Khan al Wazir		Choques directos; incendios	45*
			al-samak			
				Dahsheh	Choques directos; incendios	
				Khan al-Jumruk		
Caravasares	Khan Qurt Bey				Choque directo e indirecto	23*
	Khan al-Shuna					
	Khan Fatayyin					
	Khan Jiroudi					
	Khan Ibaji					
	Khan Nasser					
	Khan al-Sabun					
	Khan al-Salhiyeh					
	Khan al-Tutun al-Saghir					
	Khan Khair Bek					
		Khan Oulabiya				
		Uch Khan				
		Khan Khattin				

Anexo General

GOBERNACIÓN DE ALEPO

Ciudad de Alepo

BIENES CULTURALES	DAÑOS				OTROS	TOTAL
	Destruido	Serio	Moderado	Posible		
Caravasares		Khan Sheik Nasan				23*
		Khan Burghul				
		Khan al-Nahasin				
			Khan Absi			
			Khan al-Jumruk			
			Khan al-Wazir		Choques directos; incendios	
			Khan al-Kheish			
				Khan Khayer Bek		
				Kahn Qassabiya		
			Khan al-Harir			
Otros edificios históricos	Hotel Carlton Citadel				Intencionado. Explosión	102*
	Qaysariya Darwishiya					
	Qaysariya Hakkakin					
	Zuqaq Qanayat					
	Hospital Dar al-Shifá				Intencionado. Bombardeo	
	Bab al-Hadid					
	Gran Serail				Choque indirecto	

GOBERNACIÓN DE ALEPO

Ciudad de Alepo

BIENES CULTURALES	DAÑOS				OTROS	TOTAL
	Destruido	Serio	Moderado	Posible		
Otros edificios históricos		Qaysariya Farayyin				102*
		Mausoleo de Nasimi				
		Mausoleo de Ughulbak				
		Barracones militares (1832)				
		Qaysariya Oulabiya				
		Matbakh al-Ajami				
		Iglesia de los Cuarenta Mártires			Intencionado. Explosión	
		Beit Ajiqbash				
		Palacio de Justicia (Ministerio)			Choque indirecto	
			Qal 'at Sharif			
			Academia Militar Roushdiya			
			Muralla		Choque directo e indirecto; falta de mantenimiento; explosión	
			Museo Nacional de Alepo		Choque directo; saqueo	
			Museo de las Tradiciones Populares		Choque directo; saqueo	

GOBERNACIÓN DE ALEPO

Ciudad de Alepo

BIENES CULTURALES	DAÑOS				OTROS	TOTAL
	Destruido	Serio	Moderado	Posible		
Otros edificios históricos			Ciudadela		Choque directo e indirecto; saqueo; ocupación militar; explosiones	102*
			Colegio jesuita Yassou'iya			
			Sinagoga Central		Explosiones	
			Iglesia Mar Assia al-Hakim			
			Masbanat al-Zanabili 2			
			Edificios Abdul Munim Riad			
			Propiedad estatal 976			
			Propiedad estatal 972			
			Propiedad estatal 584			
			Propiedad estatal 514			
			Propiedad estatal 3675			
			Propiedad estatal 3670			
			Propiedad estatal 3655			
			Propiedad estatal 3600			
			Propiedad estatal 3558			
			Propiedad estatal 3262			
			Propiedad estatal 3261			

BIENES CULTURALES	GOBERNACIÓN DE ALEPO					
		Ciudad de Alepo				
	DAÑOS				OTROS	TOTAL
	Destruido	Serio	Moderado	Posible		
Otros edificios históricos			Propiedad estatal 3251			102*
			Propiedad estatal 2980			
			Propiedad estatal 2978			
			Propiedad estatal 2977			
			Propiedad estatal 293			
			Propiedad estatal 292			
			Propiedad estatal 2867			
			Propiedad estatal 2864			
			Propiedad estatal 2862			
			Propiedad estatal 2861			
			Propiedad estatal 2859			
			Propiedad estatal 2857			
			Propiedad estatal 2657			
			Propiedad estatal 2656			
			Propiedad estatal 2654			
			Propiedad estatal 2647			
			Propiedad estatal 2646			
			Propiedad estatal 2645			

GOBERNACIÓN DE ALEPO

Ciudad de Alepo

BIENES CULTURALES	DAÑOS			OTROS	TOTAL
	Destruido	Serio	Moderado	Posible		
Otros edificios históricos			Propiedad estatal 2644			102*
			Propiedad estatal 2643			
			Propiedad estatal 2635			
			Propiedad estatal 2634			
			Propiedad estatal 2633			
			Propiedad estatal 2593			
			Propiedad estatal 234			
			Propiedad estatal 2305			
			Propiedad estatal 230			
			Propiedad estatal 229			
			Propiedad estatal 2289			
			Propiedad estatal 2288			
			Propiedad estatal 2098			
			Propiedad estatal 2097			
			Propiedad estatal 1096			
			Propiedad estatal 2095			
			Propiedad estatal 207			
			Propiedad estatal 1804			

PATRIMONIO EN GUERRA - Marta Arcos García

BIENES CULTURALES	GOBERNACIÓN DE ALEPO					
	Ciudad de Alepo					
	DAÑOS				OTROS	TOTAL
	Destruido	Serio	Moderado	Posible		
Otros edificios históricos			Propiedad estatal 1747			102*
			Propiedad estatal 1730			
			Propiedad estatal 1725			
			Propiedad estatal 1486			
			Propiedad estatal 1442			
			Propiedad estatal 1284			
			Propiedad estatal 1115			
			Propiedad estatal 1112			
			Propiedad estatal 1111			
			Propiedad estatal 2800			
			Propiedad estatal 2592			
			Propiedad estatal 231			
			Propiedad estatal 231			
			Iglesia Manorita			
			Iglesia evangélica del distrito de Idayde			
			Iglesia Católica 2313			
			Dar al- Fatwa			
			Dar-Bukhah			

Anexo General

GOBERNACIÓN DE ALEPO

Ciudad de Alepo

BIENES CULTURALES	DAÑOS				OTROS	TOTAL
	Destruido	Serio	Moderado	Posible		
Otros edificios históricos			Bimaristan Arghun			102*
			Beit Zamariya		Choque directo e indirecto	
			Beit Ghazale		Choque directo e indirecto	
			Bab al-Nasr			
			al-Waqfiya			
				Beit Junblatt	Choque directo e indirecto	
				Masshhad al-Hussein		
				Bab Antakya	Choque directo e indirecto	
				Bab al-Kanesrin	Choque directo e indirecto	
				Beit Ghazaleh	Choque directo e indirecto	
TOTAL	53	46	109	25		233

Aldeas antiguas del norte de Siria

BIENES CULTURALES	DAÑOS				OTROS	TOTAL
	Destruido	Serio	Moderado	Posible		
Ciudades, aldeas y villas		Complejo Basílica de san Simeón (Deir Seeman)			Excavaciones ilegales; ocupación civil y militar; bombardeos aéreos	7*
			Qal'at Seman		Ocupación militar; choques	

161

GOBERNACIÓN DE ALEPO

Aldeas antiguas del norte de Siria

BIENES CULTURALES	DAÑOS				TOTAL
	Destruido	Serio	Moderado	Posible	
		Seikh Suleiman	Barad (Deir Seman)		7*
TOTAL		2	3	2	7

Otras localizaciones en la gobernación de Alepo

BIENES CULTURALES	DAÑOS				OTROS	TOTAL
	Destruido	Serio	Moderado	Posible		
Fortalezas y otras estructuras defensivas			Qal'at Najim (Najm)		Excavaciones ilegales	3
		Qasr al-Mshabek			Excavaciones ilegales; choques; construcción	
			Qal'at al-Halwanji		Ocupación militar	
			Nafakh		Excavaciones ilegales	
Yacimientos y *Tell*	Shaykh Rieh				Destrucción tumbas	60*
		Arab-Hassan	Abr		Excavaciones ilegales	
					Excavaciones ilegales intensivas	
		Abash			Saqueo cuevas	
			Abu Qalqal		Excavaciones ilegales	
			Ahmar		Construcciones	

Anexo General

GOBERNACIÓN DE ALEPO

Otras localizaciones en la gobernación de Alepo

BIENES CULTURALES	DAÑOS				OTROS	TOTAL
	Destruido	Serio	Moderado	Posible		
Yacimientos y *Tell*	Bab al Nasr				Destrucción	60*
	Bab Area				Destrucción tumbas	
	Bazid				Destrucción para nueva construcción	
			Blatt		Excavaciones ilegales	
			Qinnasrin (Al-Eis)		Excavaciones ilegales	
	Dabiq				Destrucción tumbas	
	Damman				Destrucción tumbas	
			Daydariyyah		Excavaciones ilegales	
	Dayer Qansharah				Destrucción monasterio	
	Dayr Hafir				Destrucción tumbas	
		Fidre			Reutilización material; ocupación	
			Gebel Khalid		Excavaciones ilegales	
	Hasher				Destrucción tumbas	
			Hajar			
	Halulla				Destrucción templos	
		Hosharieh			Excavaciones ilegales; saqueo	
		Kafr			Reutilización material; ocupación	
			Kalota		Reutilización material; ocupación	

GOBERNACIÓN DE ALEPO

Otras localizaciones en la gobernación de Alepo

BIENES CULTURALES	DAÑOS					OTROS	TOTAL
	Destruido	Serio	Moderado	Posible			
Yacimientos y *Tell*			Khanaser			Excavaciones ilegales	60*
	Maskana					Destrucción tumbas	
		Nabghah				Excavaciones ilegales; saqueo	
		Nebbul				Excavaciones ilegales; saqueo	
	Qaramil					Maquinaria pesada	
			Qatura			Excavaciones ilegales	
		Rafi'a				Ocupación civil; arado	
			Rif'aat			Excavaciones ilegales	
			Safiraah			Excavaciones ilegales	
			Salor			Excavaciones ilegales	
			Sarrin (ayn al-Arab)			Excavaciones ilegales	
	Sawran					Destrucción tumbas	
		Shaqla				Excavaciones ilegales; daño mosaicos	
			Shash Hamdan			Excavaciones ilegales	
		Sheikh Barakat				Construcción; saqueo	
	Sheikh Rieh					Destrucción tumbas	
		Shioukh Tahtani				Excavaciones ilegales; reutilización; construcción; saqueo	
			Sh'aer			Excavaciones ilegales	

Anexo General

GOBERNACIÓN DE ALEPO

Otras localizaciones en la gobernación de Alepo

BIENES CULTURALES		DAÑOS			OTROS	TOTAL
	Destruido	Serio	Moderado	Posible		
Yacimientos y Tell	Umm as-Sari				Destrucción tumbas; excavaciones ilegales	60*
		Yastti			Ocupación civil; arado	
			Zanqal		Excavaciones ilegales	
	Zerba				Destrucción tumbas	
		Zerzita			Excavaciones ilegales; construcción	
			Afrin		Excavaciones ilegales	
			'Alam		Excavaciones ilegales	
	Abu QalQal				Deliberada	
Otros	Cementerio Ihab Addin Ahmad (al-Maqama)				Destrucción intencionada	5
	Tumba del profeta David				Destrucción intencionada	
	Tumba de Sheikh Aqili al-Manjabi				Destrucción intencionada	
			Sinkhar		Varios	
			Bdaia		Construcciones	
TOTAL	23	15	30	0		68
TOTAL GOBERNACIÓN DE ALEPO						308

*Total repetido en todas las páginas

GOBERNACIÓN DE ALEXANDRETTA

No hay datos

GOBERNACIÓN DE AS-SUWEIDA

No se han registrado daños

GOBERNACIÓN DE LA CAMPIÑA DE DAMASCO

Pueblo de Maalula

BIENES CULTURALES	DAÑOS				OTROS	TOTAL
	Destruido	Serio	Moderado	Posible		
Iglesias		De san Leontius			Destrucción del muro sur, del parte del tejado y de la cúpula principal; saqueo de objetos de culto	3
	De santa Bárbara				Daños a la cúpula, todo lo que había en el interior fue quemado después de que los objetos de culto fueran robados; incendios	
	De san Cosme y san Damián				Estructura, altar e iconostasio destruidos; robo de objetos de culto	
Conventos	De santa Tecla				Destrucción parcial de la estructura; incendios; robos; vandalismo	1
Monasterios	De san Sergio y san Baco				Destrucción de sectores de los muros este y oeste, y de parte de la cúpula principal; impactos por mortero; cruces y campanas saqueadas; el altar principal, de mármol, ha sido destruido; perforaciones bajo el altar en busca de reliquias; robo de objetos de culto	1

Anexo General

GOBERNACIÓN DE LA CAMPIÑA DE DAMASCO						
Pueblo de Maalula						
BIENES CULTURALES	DAÑOS				OTROS	TOTAL
	Destruido	Serio	Moderado	Posible		
Cuevas y abrigos		Cuevas y cementerios			Arrasado como consecuencia de los bombardeos	¿?
Otros	Casco antiguo					¿?
TOTAL	5	2 aprox.	0	0		7 aprox.

Otras localizaciones en la gobernación de la Campiña de Damasco						
BIENES CULTURALES	DAÑOS				OTROS	TOTAL
	Destruido	Serio	Moderado	Posible		
Ed. religiosos			Catedral de Constantino y Helena (Yabrud)			2
			Monasterio de Deir Sednayah (Sednayah)			
Yacimientos y *tell*			Tell Sakka (al-Ghizlaniya)		Saqueo; excavaciones ilegales	2
			Yabroud (al-Sahl)		Excavaciones ilegales	
Otros			Kahn Attena (Rahebet Toaq ibn Malek)			3
			Nabek Seray (Nabek)		Daño parcial debido a choques en los alrededores	
			Museo de Deir Atiyeh (Deir Attiyeh)		Daños a la estructura; robo de antigüedades	
TOTAL	0	0	7	0		7
TOTAL DE LA GOBERNACIÓN DE LA CAMPIÑA DE DAMASCO						17 aprox.

BIENES CULTURALES	GOBERNACIÓN DE DAMASCO — Ciudad de Damasco					TOTAL
	DAÑOS				OTROS	
	Destruido	Serio	Moderado	Posible		
Mezquitas y santuarios		Khankiye				8
		Gran Mezquita Omeya				
		Yalbougha				
			Hisham			
			Manjak			
			Samadiye			
			al-Qadam			
			al-Basrawi			
Madrasas			Adiliye			3
			Jaqmaqiyeh			
				Qahiriye		
Hammams			Bakri			3
			Khanji			
			Nawfaa			
Zocos y caravasares			Zoco Midhat Pasha			7*
			Khan al-Haramein			
				Zoco al-Sabuniye		
				Zoco al-Assroniyah		

Anexo General

GOBERNACIÓN DE DAMASCO
Ciudad de Damasco

BIENES CULTURALES	DAÑOS				OTROS	TOTAL
	Destruido	Serio	Moderado	Possible		
Zocos y caravasares			Khan al-Zai	Khan Muridive		7*
				Khan Suleiman Pasha		
Edificios históricos			Estación al-Hejaz			6
			Centro cultural Martyr Zidane			
			Edificio al-Hariqa al-Qabbani			
			Old Seray			
			Al-Karab			
			Edificio al-Abed			
Avenidas, calles y plazas			Calle Malek Faysal			3
			Plaza Bab Tuma			
				Plaza Miskiyeh		
Barrios		al-Hariqah	al-Amin			8*
			ash Shaghour al-Hikr			
			al-Hamrawi			
			al-Midan			

BIENES CULTURALES	GOBERNACIÓN DE DAMASCO					
	Ciudad de Damasco					
	DAÑOS				OTROS	TOTAL
	Destruido	Serio	Moderado	Posible		
Barrios			Cristiano			8*
			Al-Qanawat			
			Sarouja			
Ciudadelas, murallas y puertas de acceso		Bab Tuma	Bab al-Barid			5
				Bab al-Salaam		
				Bab Sharqi		
			Ciudadela			
Palacios			De Azm			1
Sinagogas			Eliyahu Hanavi			1
Casas			Beit Shirazi			4
			Casa Ghazi			
			Beit al-Aqqad			
			Hadith al-Qalansiye			
Otros		Maristan al-Qaimaniye		Hadith al-Qalansiye		2
TOTAL	0	6	36	9		51
TOTAL GOBERNACIÓN DE DAMASCO						51

Anexo General

GOBERNACIÓN DE DARÁA

Ciudad de Bosra

BIENES CULTURALES	DAÑOS				OTROS	TOTAL
	Destruido	Serio	Moderado	Posible		
Estructuras religiosas		Mezquita al-Omari			Choque directo e indirecto	7
		Mezquita Mabrak al-Naqa			Choque directo e indirecto	
		De Fátima			Choque directo e indirecto	
		Catedral de San Sergio			Choque directo e indirecto	
			Cementerio		Excavaciones ilegales	
			Monasterio de Bahira		Choque directo e indirecto	
			Mezquita Yaqout		Choque directo e indirecto	
Madrasas			Abu al Fida		Choque directo e indirecto	1
Hammams			Manjak		Choque directo e indirecto	1
Estructuras romanas	Ninfeo "cama de la hija del Rey"				Choque directo e indirecto	6
		Palacio de Trajano			Choque directo e indirecto	
			Anfiteatro		Excavaciones ilegales; construcción	
			Baños romanos		Choque directo e indirecto	
			Teatro		Ocupación; construcción; Choque directo e indirecto	
			Campamento romano		Choque directo e indirecto; construcción; excavaciones ilegales	

GOBERNACIÓN DE DARÁA

Ciudad de Bosra

BIENES CULTURALES	DAÑOS			OTROS	TOTAL
	Destruido	Serio	Moderado	Posible		
Otros			Piscina nabatea este		Excavaciones ilegales; construcción	2
			Comisaría de Policía		Choque directo e indirecto	
TOTAL	1	5	11	0		17

Otras localizaciones en la gobernación de Daráa

BIENES CULTURALES	DAÑOS				OTROS	TOTAL
	Destruido	Serio	Moderado	Posible		
Estructuras religiosas				Monasterio Deir Shmis	Varios	10
		Mezquita Abu al-Feda			Daños a paredes y techos; destrucción muro sur; colapso superior minarete	
		Mezquita al-Karak			Colapso minarete	
		Mezquita al-Hajar			Colapso de muros y techo	
		Mezquita al-Omani (Daráa)			Incluido minarete y patio interior	
		Antigua mezquita de Sheikh			Destrucción minarete	
		Antigua Mezquita de Mahaja			Destrucción minarete	
		Mezquita Sheikh Khalil (Daráa)			Destrucción minarete	
		Mezquita al-Omari al-Hirak				
			Cementerio de los Mártires		Excavaciones ilegales	

Anexo General

GOBERNACIÓN DE DARÁA

Otras localizaciones en la gobernación de Daráa

BIENES CULTURALES	DAÑOS				OTROS	TOTAL
	Destruido	Serio	Moderado	Posible		
Tell		Nahej			Excavaciones ilegales	23*
				Samkh (Tafas)	Varios	
			A'lqeen		Excavaciones ilegales	
	Ash'ari			Amoria (Zayzoun)	Varios	
		Aswad			Excavaciones ilegales; destrucción niveles arqueológicos	
					Construcción de trincheras	
			Baaleh		Excavaciones ilegales	
			Harrah		Excavaciones ilegales	
			Hayt al-Josoo		Excavaciones ilegales	
			Izra'a (Izraa)		Excavaciones ilegales	
			Jakla		Excavaciones ilegales	
			Jamlah		Excavaciones ilegales	
			Jumu'a		Excavaciones ilegales	
			Samria		Excavaciones ilegales	
	Sanamein					
			Shahem		Excavaciones ilegales	
			Shaukh Hussain		Extracción material	
			Shihab		Excavaciones ilegales	

GOBERNACIÓN DE DARÁA
Otras localizaciones en la gobernación de Daráa

BIENES CULTURALES	DAÑOS				OTROS	TOTAL
	Destruido	Serio	Moderado	Posible		
Tell			Umm-Hauran		Excavaciones ilegales	23*
Tell			Yadudah		Excavaciones ilegales	
Tell			Yarmouk		Excavaciones ilegales	
Tell			Aqraba		Excavaciones ilegales	
Tell			'Aschtara		Excavaciones ilegales	
Otros		Molino al-Muzayrib			Daño techo y fachada exterior por combates; excavaciones ilegales	24*
Otros		Qal'at Muzayrib (Muzayrib)			Excavaciones ilegales; daños estructura por combates; ocupación civil	
Otros			Qal'at Tell Shihab (Tell Shihab)		Excavaciones ilegales	
Otros			Palacio de Archbishop		Daños muro sur	
Otros				Palacio de Zain al-Abdeen (Inkhil)	Varios	
Otros			al-Mat'ateh (Hawran)		Colapso áreas fachada principal; excavaciones ilegales	
Otros			al-'Ajami (Kherbet Jandal)		Excavaciones ilegales	
Otros			Bajyt irah (casco histórico)		Excavaciones ilegales	
Otros			Da'el (Da'el)		Daño edificios históricos	
Otros			Khan Gharz		Daño techo, puertas y paredes; excavaciones ilegales	
Otros			Khan Jilleh		Excavaciones ilegales	

Anexo General

GOBERNACIÓN DE DARÁA

Otras localizaciones en la gobernación de Daráa

BIENES CULTURALES	DAÑOS				OTROS	TOTAL
	Destruido	Serio	Moderado	Posible		
Otros			Kafr Shams (Khirbet al -Mlieha)		Excavaciones ilegales	24*
			Kahn Kawkab		Excavaciones ilegales	
			Kom aj Joz		Excavaciones ilegales	
			Al-Lajat		Excavaciones ilegales	
			Mothbeen		Excavaciones ilegales	
			Nafa'ah		Excavaciones ilegales	
				Nawa	Varios	
			Qala't Muzayrib		Excavaciones ilegales; robo	
			Qiytah		Excavaciones ilegales	
			Quseir		Excavaciones ilegales	
			Sahm al jolan (El Golán)		Excavaciones ilegales	
			Suhob		Excavaciones ilegales	
			Casco histórico de el Karak		Excavaciones ilegales	
TOTAL	2	12	38	5		57
TOTAL GOBERNACIÓN DE DARÁA						74

*Total repetido en todas las páginas

GOBERNACIÓN DE DEIR EZ-ZOR

Dura Europos

BIENES CULTURALES	DAÑOS				OTROS	TOTAL
	Destruido	Serio	Moderado	Posible		
Estructuras religiosas		Sinagoga			Excavaciones ilegales; falta de mantenimiento	6
		Iglesia cristiana			Excavaciones ilegales; falta de mantenimiento	
		De Adonis			Excavaciones ilegales; falta de mantenimiento	
		De Artemisa			Excavaciones ilegales; falta de mantenimiento	
		De Zeus Kyrios			Excavaciones ilegales; falta de mantenimiento	
		De Zeus Megistos			Excavaciones ilegales; falta de mantenimiento	
Palacios		Dux-Ripae			Excavaciones ilegales; falta de mantenimiento	2
		De Lysias			Excavaciones ilegales; falta de mantenimiento	
Estructuras defensivas y puertas de acceso			Muralla		Excavaciones ilegales; falta de mantenimiento	4
			Ciudadela		Excavaciones ilegales; falta de mantenimiento	
			Nueva ciudadela		Excavaciones ilegales; falta de mantenimiento	
			Puerta de Palmira		Excavaciones ilegales; falta de mantenimiento	
Otros		Necrópolis			Excavaciones ilegales; falta de mantenimiento	7*
		Museo			Excavaciones ilegales; falta de mantenimiento	
		Baños romanos			Excavaciones ilegales; falta de mantenimiento	

Anexo General

GOBERNACIÓN DE DEIR EZ-ZOR

Dura Europos

BIENES CULTURALES	DAÑOS				OTROS	TOTAL
	Destruido	Serio	Moderado	Posible		
Otros		Arco triunfal			Excavaciones ilegales; falta de mantenimiento	7*
			Praetorium		Excavaciones ilegales; falta de mantenimiento	
			Anfiteatro		Excavaciones ilegales; falta de mantenimiento	
			Haram sur		Excavaciones ilegales; falta de mantenimiento	

Situación general del yacimiento	Saqueo masivo. 75% aprox. 3750 pozos					
TOTAL	0	12	7	0		19 aprox

Mari

BIENES CULTURALES	DAÑOS				OTROS	TOTAL
	Destruido	Serio	Moderado	Posible		
Templos	Templo de Dagan					5
		Templo de Rabet Alyanbo			Excavaciones ilegales	
		Templo de Ishtar			Demolición muros; excavaciones ilegales	
		Templo de Shamash			Destrucción muros; excavaciones ilegales	
		Zigurat de Mari			Destrucción plataformas dedicadas Divinidad Primavera; excavaciones ilegales	

GOBERNACIÓN DE DEIR EZ-ZOR

Mari

BIENES CULTURALES	DAÑOS				OTROS	TOTAL
	Destruido	Serio	Moderado	Posible		
Palacios		Palacio Real y archivo			Demolición sectores muro; excavaciones ilegales; saqueo	1
Otros	Almacenes	Puerta de acceso sur al Palacio real			Saqueo total	2
					Excavaciones ilegales	
Situación general del yacimiento	Saqueo masivo, aprox. 1451 pozos					
TOTAL	2	6	0	0		8 aprox

Otras localizaciones en la gobernación de Deir ez-Zor

BIENES CULTURALES	DAÑOS				OTROS	TOTAL
	Destruido	Serio	Moderado	Posible		
Estructuras religiosas	Santuario Sheikh Shibli (al-Mayadin)				Bombardeo	11*
	Mezquita Takyat al-Rawi (Deir ez-Zor)				Bombardeo	
	Mezquita de al-Omari (Deir ez-Zor)				Bombardeo	
		Cementerios bizantinos (Marrat)			Excavaciones ilegales; construcción; demolición	
		Mezquita al-Hamidi (Deir ez-Zor)			Bombardeo	
			Iglesia al-Bu (Madan)			
	Tumba de Sheikh Anas				Excavaciones ilegales; saqueo	
					Intencionado. Dáesh	

GOBERNACIÓN DE DEIR EZ-ZOR

Otras localizaciones en la gobernación de Deir ez-Zor

BIENES CULTURALES	DAÑOS				OTROS	TOTAL
	Destruido	Serio	Moderado	Posible		
Estructuras religiosas	Tumba de Seikh Shibli				Intencionado. Dáesh	11*
	Tumba de Abu al'Ateeq				Intencionado. Dáesh	
			Minarete Ain-Ali (Mahkan)		Excavaciones ilegales; bombardeo	
		Iglesia latina (Deir ez-Zor)			Excavaciones ilegales; saqueo	
Ciudadelas y otras estr. defensivas		Qal'at al-Rahbah (al-Mayadin)			Excavaciones ilegales	2
			Zalebiye		Excavaciones ilegales	
Zocos y caravasares	Kahn Awlad al-Jouzeh (Deir ez-Zor)				Bombardeos	7
		Khan-Awlad Kanajah (Deir ez-Zor)			Choque directo; incendio	
			Zoco histórico Deir ez-Zor		Bombardeos	
				Zoco al-Hadadien (Deir ez-Zor)	Varios	
				Zoco al-Khashabien (Deir ez-Zor)	Varios	
				Zoco al-Tojar	Varios	
	Khan al-Ganama				Bombardeo	
Yacimientos y *Tell*	al-Khan				Excavaciones ilegales	48*
	Madkuk				Excavaciones ilegales	
	Salhieh				Excavaciones ilegales	

GOBERNACIÓN DE DEIR EZ-ZOR

Otras localizaciones en la gobernación de Deir ez-Zor

BIENES CULTURALES	DAÑOS				OTROS	TOTAL
	Destruido	Serio	Moderado	Posible		
Yacimientos y *Tell*		Busayrah			Excavaciones ilegales	48*
		Kasra			Excavaciones ilegales; destrucción baños bizantinos; construcciones	
		Toub			Excavaciones ilegales	
		Sin			Excavaciones ilegales; vertedero	
		Tayaneh			Excavaciones ilegales	
		Hussain			Excavaciones ilegales; explosiones; ocupación militar	
		Halebiye			Excavaciones ilegales	
		Fadeen			Excavaciones ilegales	
		'Ashara			Excavaciones ilegales	
			Talqes		Excavaciones ilegales; ocupación militar	
			Tabous		Excavaciones ilegales	
			Sour		Excavaciones ilegales	
			Rom		Excavaciones ilegales	
			Qaftan		Excavaciones ilegales	
			Nafad		Excavaciones ilegales	
			Massabih		Excavaciones ilegales	
			Malihat Adh Dhiru		Excavaciones ilegales	
			Krah		Construcciones; nuevos enterramientos	

Anexo General

GOBERNACIÓN DE DEIR EZ-ZOR

Otras localizaciones en la gobernación de Deir ez-Zor

BIENES CULTURALES	DAÑOS				OTROS	TOTAL
	Destruido	Serio	Moderado	Posible		
Yacimientos y *Tell*			Juben		Excavaciones ilegales	48*
			Je'abi		Excavaciones ilegales	
			Jeleeb-al-Hama		Excavaciones ilegales; ocupación militar	
			Humaidah		Excavaciones ilegales; construcción	
			Harim		Excavaciones ilegales	
			Dawodya		Vertedero	
			Bouqras Foqani		Excavaciones ilegales	
			Baghouz		Excavaciones ilegales; demoliciones	
			Abu Rdan		Excavaciones ilegales	
			Abu Nhoud		Excavaciones ilegales; choque directo	
			Abu Heit-Mashekh		Excavaciones ilegales	
			Abu al-Hasan		Excavaciones ilegales	
			'Ayyash		Excavaciones ilegales	
			Sunbul		Excavaciones ilegales; construcción; nuevos enterramientos	
			Marwanyah		Excavaciones ilegales	
			Abu al-Fahed		Excavaciones ilegales	
			M'adan 'atieq		Excavaciones ilegales	
			'Ain Ali		Excavaciones ilegales	

GOBERNACIÓN DE DEIR EZ-ZOR

Otras localizaciones en la gobernación de Deir ez-Zor

BIENES CULTURALES	DAÑOS				OTROS	TOTAL
	Destruido	Serio	Moderado	Posible		
Yacimientos y *Tell*				Qasabi	Varios	48*
				Ge'aabi	Varios	
				Tenbi	Varios	
			al-Hejnah		Excavaciones ilegales	
			al-Swar		Excavaciones ilegales	
			Abu al-Atiq		Excavaciones ilegales; construcción	
		Es-Sin			300 pozos	
			Hmeitha		Excavaciones ilegales;	
			Sheikh Hamad		Excavaciones ilegales	
Otros	Puente colgante de Deir ez-Zor				Bombardeo	5
		Restaurante Cairo Winter (Deir ez-Zor)			Bombardeo	
			Museo de las tradiciones populares (Deir ez-Zor)		Bombardeo	
			Museo de Deir ez-Zor		6 proyectiles de mortero	
				Puerta Othmanic (Deir ez-Zor)		
TOTAL	12	16	38	7		73
TOTAL GOBERNACIÓN DE DEIR EZ-ZOR						100

*Total repetido en todas las páginas

Anexo General

GOBERNACIÓN DE HAMA

Ciudad de Hama

BIENES CULTURALES	DAÑOS				TOTAL
	Destruido	Serio	Moderado	Posible	OTROS	
Norias	al-Jabariyya				Incendio provocado	3
		Shaizar (2)			Impacto de artillería	
Otros			Museo de Hama		Daño al edificio por combates; robo	2 aprox.
		Casco histórico			Bombardeos	
TOTAL	1	3 aprox.	1	0		5 aprox.

Apamea

BIENES CULTURALES	DAÑOS				OTROS	TOTAL
	Destruido	Serio	Moderado	Posible		
Calzadas		Cardo Máximo, sección norte			Excavaciones ilegales	2
		Cardo Máximo, sección sur			Excavaciones ilegales	
Baños		De L. Julius Agrippa				2
		Norte				
Villas		Casa del acueducto	Casa de Consdes			3
			Casa de Pilasteis			

GOBERNACIÓN DE HAMA

BIENES CULTURALES	DAÑOS - Apamea				OTROS	TOTAL
	Destruido	Serio	Moderado	Posible		
Fortalezas, murallas y puertas de acceso		Muralla, sección oeste	Puerta de acceso norte			3
			Qal'at al-Madiq			
Otros		Ágora romana	Iglesia del Atrio			10
		Catedral este	Iglesia redonda			
		Mercado romano	Teatro romano			
		Tell Jifar				
		Templo de Tycheion				
				Mezquita otomana		
				Museo		
TOTAL	0	11	7	2		20

Anexo General

GOBERNACIÓN DE HAMA

Otras localizaciones en la gobernación de Hama

BIENES CULTURALES	DAÑOS				OTROS	TOTAL
	Destruido	Serio	Moderado	Posible		
Fortalezas y otras estructuras defensivas			Qal'at Shayzar		Daño limitado al edificio; Robo	1
Museos			Museo de los mosaicos de Apamea (qal'at al-Madiq)		Robo	2
			Museo de Taibet al Imam (Taibet al Imam)		Robo	
Yacimientos y *Tell*		Tell Aqareb al-Safi			Demolición de la ladera	10
		Tell Hasan Basha			Demolición de la ladera	
		Tell Taibet al-Ism			Demolición de la ladera	
		Tell Abd-al'Aziz			Demolición de la ladera	
		Andaren			Excavaciones ilegales	
			Tell Abu Fashafish		Excavaciones ilegales; ocupación por hombres armados	
		Tell Jadid			Demolición de la ladera	
		Tell Qarqur			Demolición de la ladera	
		Tell Suha			Demolición de la ladera	
		Tell al'Asareneh			Construcciones ilegales	
Otros			Monasterio de la Cruz (Dair as Sayr)	Palacio de Ibn Wardan (al-Muntar)		2
TOTAL	0	9	5	1		15
TOTAL GOBERNACIÓN DE HAMA						40 aprox.

GOBERNACIÓN DE HOMS

Ciudad de Homs

BIENES CULTURALES	DAÑOS				OTROS	TOTAL
	Destruido	Serio	Moderado	Posible		
Mezquitas y santuarios		Mezquita de Abdullahibn Masud			Daños al minarete: 70% estructura y 70% interior	24*
	Mezquita de Abi al-Fadael				80% estructura y 90% interior	
	Mezquita de Abu Dhar al-Ghifari				Destrucción del minarete; 80% estructura y 70% interior	
			Mezquita de Abu Lubada		30% estructura y 30% interior	
	Mezquita de Akasha				Destrucción del minarete; 90% estructura y 90% interior	
			Mezquita de al-Arbaeen		20% estructura y 60% interior	
		Mequita de al-Dalati			60% estructura y 50% interior	
			Mezquita de al-Khader		10% estructura y 10% interior	
			Mezquita de al-Sarraj		5% estructura y 40% interior	
		Santuario de al-Tabäi Damis Abu al-Houl			50% estructural y 85% interior	
		Mezquita al-Zawiya			60% estructura y 90% interior	
			Mezquita Bazr Bashi		10% interior y 10% estructura	
	Mezquita al-Kalbi				95% estructura y 95% interior	
	Gran Mezquita de al-Nuri				80% estructura y 80% interior	
			Santuario Jaafar Tayyar's Children		10% estructura y 10% interior	
	Mezquita Ka'ab al-Ahbar				90% estructura y 90% interior	

Anexo General

GOBERNACIÓN DE HOMS

Ciudad de Homs

BIENES CULTURALES	DAÑOS				OTROS	TOTAL
	Destruido	Serio	Moderado	Posible		
Mezquitas y santuarios	Mezquita Khalid ibn al-Walid				40% estructura y 80% interior	24*
	Santuario de los reyes al-Mujahed				40% estructura y 20% interior	
	Mezquita Mustafá Pasha al-Husseini				80% estructura y 90% interior	
		Mezquita Omar al-Ozai			70% estructural y 60% interior	
	Mezquita y santuario de Sheik Masud				80% estructural y 60% interior	
		Mezquita de Sheikh Kamel			50% estructural y 90% interior; minarete destruido	
		Mezquita Sheikh Musa al-Ashaari				
	Mezquita de zi al-Kalaa al-Humairi				80% estructural y 70% interior	
Madrasas		Madrasa al-Ghassaniyah			70% estructural y 90% interior	1
Hammams		al-Basha			40% estructura y 70% interior	5
		al-Sarraj				
			al-Asayati		15% estructura y 70% interior	
		Otomano			60% estructura y 75% interior	
		Pequeño			60% estructura y 90% interior	
Zocos y caravasares			Zocos antiguos			3
			Khan al-Dubri		25% estructura y 85% interior	
	Khan al-Jamal				50% estructura y 80% interior	

GOBERNACIÓN DE HOMS
Ciudad de Homs

BIENES CULTURALES	DAÑOS				OTROS	TOTAL
	Destruido	Serio	Moderado	Posible		
Edificios históricos			Cafetería al-Farah		20% estructura y 95% interior	4
			Departamento de Antigüedades y Museos		5% estructura 60% interior	
			Museo			
			Residencia Khalid al-Atassi		10% estructura y 80% interior	
Avenidas, calles y plazas	Plaza de la sala de los Caballeros				Colapsada	1
Barrios				Barrios antiguos		1
Murallas y puertas de acceso		Puerta al-Bab al-Masud			70% estructura y hombres armados en el interior	5
		Torre de la muralla este			40% estructura	
		Muralla norte			60% estructural	
		Torre redonda			40% estructural	
		Muralla sur				
Palacios			Palacio al-Zahrawi		10% estructura y 75% interior	4
			Palacio de Julia		15% estructura y 90% interior	
		Palacio Mheish			60% estructura y 85% interior	
			Palacio al-Azm			
Iglesias			Iglesia de San Julián		20% estructura y 60% interior	7*
			Iglesia Evangélica		15% estructura y 80% interior	

Anexo General

GOBERNACIÓN DE HOMS

Ciudad de Homs

BIENES CULTURALES	DAÑOS				OTROS	TOTAL
	Destruido	Serio	Moderado	Posible		
Iglesias			Iglesia Nuestra Señora de la Paz		6% estructural y 80% interior	7
		Iglesia del Sagrado cinturón de Santa María				
		Iglesia católica Siríaca			60% estructural y 85% interior	
		La Iglesia de los Cuarenta				
				Iglesia católica		
Casas	De al-Akhras				80% estructura y 90% interior	13*
		De Al-Agha			40% estructura y 75% interior	
		al-Yafi			70% estructura y 75% interior	
		Beit al-Naser			80% estructura y 90% interior	
	Beit Mustafá al-Husseini				80% estructura y 90% interior	
	Beit Mustafá Pasha al-Husseini				10% estructura y 75% interior	
			De Bismar		20% estructura y el 20% interior	
		Dawameh			50% estructura y 85% interior	
		De Farkouh y Ahwash	Dar Abdullah Farkouh		50% estructura y 85% interior	
		De Iskaf			60% estructura y 85% interior	

189

GOBERNACIÓN DE HOMS

Ciudad de Homs

BIENES CULTURALES	DAÑOS				OTROS	TOTAL
	Destruido	Serio	Moderado	Posible		
Casas	Tarabsi				80% estructura	13*
					5% estructural y 70% interior	
Otros		Sibat al-Hanbali	Damasquina			4
			Al-Jebawiyah Zawiya		20% estructural y 80% interior	
		Sibat al-Qadhi				
		Sibat al-Zawiya				
TOTAL	16	31	23	2		72

Sitio de Palmira

BIENES CULTURALES	DAÑOS				OTROS	Total
	Destruido	Serio	Moderado	Posible		
Templos	Bel				Explosivos	3
	Baalshamin				Explosivos	
	S103				Explosivos	
Tumbas	De Julius Aurelius Bolma				Explosivos	14*
	De la Familia Banai				Explosivos	
	Iamliku				Explosivos	
	Elasa				Explosivos	

Anexo General

GOBERNACIÓN DE HOMS
Sitio de Palmira

BIENES CULTURALES		DAÑOS				OTROS	Total
	Destruido	Serio	Moderado	Posible			
Tumbas	Bene Baà					Explosivos	14*
	Atenaten					Explosivos	
	Elahbel					Explosivos	
	Kithoth					Explosivos	
	Hairan Belsiri					Explosivos	
	N°22					Explosivos	
	N°65					Explosivos	
	N°71					Explosivos	
		Artaban				Daños intencionados; excavaciones ilegales	
		Taibul				Daños intencionados; excavaciones ilegales	
Necrópolis		Norte				Daños intencionados; excavaciones ilegales	5
		Sur				Daños intencionados; excavaciones ilegales	
		Oeste				Daños intencionados; excavaciones ilegales	
		Valle de las Tumbas				Daños intencionados; excavaciones ilegales	
			Noroeste			Daños intencionados; excavaciones ilegales	
Arcos y puertas de acceso	Arco del Triunfo					Explosivos	1
Otros	Castillo de Palmira					Bombardeos; explosivos	7*
		Museo de Palmira				Bombardeos; explosivos; saqueo	

GOBERNACIÓN DE HOMS

Sitio de Palmira

BIENES CULTURALES	DAÑOS				OTROS	Total
	Destruido	Serio	Moderado	Posible		
Otros		Hotel Zenobia			Ejecuciones; bombardeo	7
			Teatro		Construcción	
		Muralla sección norte			Construcción	
		Muralla sección sur				
			Gran columnata		Ejecuciones; falta de mantenimiento	
TOTAL	17	8	5	0		30

Crac de los Caballeros

BIENES CULTURALES	DAÑOS				OTROS	TOTAL
	Destruido	Serio	Moderado	Posible		
Torres		Rey al-Zahir Baybars			Destrucción de la escalera de acceso; desprendimientos	5
		Norte			Destrucción de la escalera de acceso; desprendimientos	
		Sur			Destrucción de la escalera de acceso; desprendimientos	
		De los Caballeros			Destrucción de la escalera de acceso; desprendimientos	
		De entrada			Desprendimientos	
Otros		Capilla			Colapso del tejado y parte de las arcadas interiores	6*

Anexo General

GOBERNACIÓN DE HOMS

Crac de los Caballeros

BIENES CULTURALES	DAÑOS				TOTAL
	Destruido	Serio	Moderado	Posible	OTROS	

BIENES CULTURALES	Destruido	Serio	Moderado	Posible	OTROS	TOTAL
Otros		Sala de los Caballeros			Colapso del tejado y parte de las arcadas interiores	6*
		Establos			Bombardeos	
		Muralla			Bombardeos	
		Foso			Bombardeos	
		Pasillos			Bombardeos	
TOTAL	0	11	0	0		11

Qasr al-Hayr al-Sharqi

BIENES CULTURALES	Destruido	Serio	Moderado	Posible	OTROS	TOTAL
Iglesias		Iglesias Bizantinas				¿?
Caravasares		Khan al-Bghali				1
Estado general del Qasr		Severamente dañado			hombres armados posicionados en el lugar; 80% estructural y 95% interior	1
TOTAL		Todo el complejo				

193

BIENES CULTURALES	GOBERNACIÓN DE HOMS					
	DAÑOS					TOTAL
	Destruido	Serio	Moderado	Posible	OTROS	
Mezquitas		Mezquita Qusayr (al-Qusayr)			60% estructura y 85% interior	2
		Mezquita Omar al-Nabhan			60% estructura y 90% interior	
Iglesias y monasterios		Iglesia Haret al-Saray (Hawash)			60% estructura y 75% interior	3
			Iglesia de Sadad (Sadad)		10% estructura y 85% interior	
		Monasterio Mawlawieh			40% estructura y 80% interior	
Tell			Kown	Al-Qariateen (al-Qariateen)		4
			Nebi Mesh			
			al Taibah			
TOTAL	0	4	4	1		9
Otras localizaciones en la gobernación de Homs						
TOTAL GOBERNACIÓN DE HOMS						123 aprox.

*Total repetido en todas las páginas

GOBERNACIÓN DE IDLIB

Aldeas antiguas del norte de Siria

BIENES CULTURALES	DAÑOS				OTROS	TOTAL
	Destruido	Serio	Moderado	Posible		
Ciudades, aldeas y villas		Baqirha (Babuta)			Excavaciones ilegales; destrucción de objetos arqueológicos	25*
			Bshilla (Jebel Zawiya)		Excavaciones ilegales limitadas	
			Btirsa (Jebel Zawiya)		Ocupación civil; excavaciones ilegales; construcciones	
			Sakik (Gebel Barisha)		Excavaciones ilegales; destrucción de objetos arqueológicos	
			Castillo al-Farmiya (Jebel al-Zawiya)		Excavaciones ilegales	
			Baloun (Jebel Zawiya)		Excavaciones ilegales; construcciones	
			Banasra (Jebel Wastani)		Excavaciones ilegales	
		al-Bara (Jebel Zawiya)			Destrucción fachada castillo de Abi Sufiyan, tumbas de Mazuqa y de la fachada este	
		Barisha (Jebel Barisha)			Excavaciones ilegales; destrucción tumbas	
			Dalloza (Jebel Zawiya)		Excavaciones clandestinas	
			Darqita (Jebel Barisha)		Excavaciones ilegales; destrucción de objetos arqueológicos	
			Jerada (Jebel Zawiya)		Ocupación civil; construcciones ilegales	
			al-Kfeir (Jebel al-A'la)		Excavaciones ilegales	
			Mujleyya (Jebel Zawiya)		Ocupación civil; Excavaciones ilegales; construcción	
			Qalblozé (Jebel al-A'la)		Iglesia: destrucción escalera del ábside; destrucción grabados en sillares	
			Quiqabize (Jebel al-A'la)		Daños muros ed. históricos; excavaciones ilegales	

GOBERNACIÓN DE IDLIB

Aldeas antiguas del norte de Siria

BIENES CULTURALES	DAÑOS				OTROS	TOTAL
	Destruido	Serio	Moderado	Posible		
Ciudades, aldeas y villas		al-Ruweiha (Jebel Zawiya)			Construcción; daños fachadas; destrucción muralla	25*
			Serjilla (Jebel Zawiya)		Ocupación civil; destrucción de objetos arqueológicos y sarcófagos	
		Shinsharah (Jebel Zawiya)			Ocupación civil masiva	
			Al-Baud (Jebel Zawiya)		Ocupación civil; excavaciones ilegales; construcción	
		al-Derouna			Excavaciones ilegales; destrucción de objetos arqueológicos	
		al-Fasouq (Jebel Wastani)			Excavaciones ilegales; demolición pilares monasterio para construcciones	
		Kafr Oqab (Jebel Wastani)			Excavaciones ilegales; saqueo; destrucción	
		Kherbet al-Khatib (Jebel Barisha)			Excavaciones ilegales; destrucción objetos arqueológicos	
			Wadi Martahun (Jebel Zawiya)		Ocupación civil; excavaciones ilegales	
Otros			Qal'at at-Tufah		Robo sillares	1
TOTAL	0	9	17	0		26

Ciudad de Marrat al-Numan

BIENES CULTURALES	DAÑOS				OTROS	TOTAL
	Destruido	Serio	Moderado	Posible		
Caravasares			Khan Assaad Pasha al-Azem			2
				Khan Murad Pasha		

Anexo General

GOBERNACIÓN DE IDLIB

Ciudad de Marrat al-Numan

BIENES CULTURALES	DAÑOS				OTROS	TOTAL
	Destruido	Serio	Moderado	Posible		
Mezquitas			Gran Mezquita			1
Ciudadelas y otras estructuras defensivas		Ciudadela	Qal'at al Maarrat			2
Otros			Madrasa Abu-Fawaris			2
			Seray			
TOTAL	0	1	5	1		7

Ebla

BIENES CULTURALES	DAÑOS				OTROS	TOTAL
	Destruido	Serio	Moderado	Posible		
Palacios, archivos y residencias		Palacio Norte (P)			Excavaciones ilegales; falta de mantenimiento	5
		Palacio Real MBA			Excavaciones ilegales; falta de mantenimiento	
		Palacio Real y archivo			Excavaciones ilegales; falta de mantenimiento	
		Residencia oeste			Ocupación militar	
			Del príncipe (E)		Excavaciones ilegales; falta de mantenimiento	
Fortalezas		Sureste			Ocupación militar	4*
		Oeste			Ocupación militar	

GOBERNACIÓN DE IDLIB

Ebla

BIENES CULTURALES	DAÑOS				OTROS	TOTAL
	Destruido	Serio	Moderado	Posible		
Fortalezas			Noreste		Ocupación militar	4*
			Noroeste		Ocupación militar	
Templos y santuarios		Santuario de los Reyes (B)			Excavaciones ilegales	5
		Templo privado de Ishtar			Excavaciones ilegales	
		Templo de Resheph			Excavaciones ilegales	
		Templo de Ishtar			Excavaciones ilegales	
		Templo de Shamash			Excavaciones ilegales	
Áreas	F	CC			Excavaciones ilegales; falta de mantenimiento; ocupación militar	4
					Excavaciones ilegales; falta de mantenimiento; ocupación militar	
		Sagrada de Ishtar (P1, P3 y P5)			Excavaciones ilegales; falta de mantenimiento; ocupación militar	
				R	Excavaciones ilegales; falta de mantenimiento; ocupación militar	
Otros		Puerta sureste/ del Desierto			Ocupación militar; falta de mantenimiento	5
		Estructura Ps			Falta de mantenimiento	
		Museo			Saqueo	
			Muralla			
				Puerta del Éufrates	Construcción; falta de mantenimiento	
TOTAL	1	16	4	2		23

Anexo General

GOBERNACIÓN DE IDLIB
Otras localizaciones en la gobernación de Idlib

BIENES CULTURALES	DAÑOS				OTROS	TOTAL
	Destruido	Serio	Moderado	Posible		
Fortalezas			Qal'at Harim (Harim)		Ocupación militar; construcciones; robo	1
Tell			Akrabeen (al-Alkarama)		Excavaciones ilegales; destrucción	14
	Almacén de Afis (Afes)				Robo completo	
		Me'ez			Excavaciones ilegales	
		ad-Dana			Demolición muros	
		Dayr Turmanin			Construcción	
			Kafer Hawar		Robo material arqueológico	
			Karkh		Excavaciones ilegales	
			Khatra		Varios	
		Maasarta			Excavaciones ilegales	
			Ras al-Ain		Varios	
		Sarmin			Excavaciones clandestinas	
			Shaykh Mansour		Saqueo	
			Touqan		Utilización de maquinaria pesada	
Otros		Iglesia de Deir al-Jdaida			Choque directo; destrucción cruces e iconos; robo de 11 objetos de culto	6*
	Ammar		Hammam otomano (Kafar Takharim)		Varios	

GOBERNACIÓN DE IDLIB

Otras localizaciones en la gobernación de Idlib

BIENES CULTURALES	DAÑOS			OTROS	TOTAL
	Destruido	Serio	Moderado	Posible		
Otros			La Gran Mezquita (Idlib)		Daños por choque directo	6*
			Museo de Idlib		Ocupación militar	
			Tumba del Califa Umar bin Abdul Aziz (Aldier Alsharki)		Daño moderado	
			Palacio Ain Lazour (Ain Lazour)		Excavaciones ilegales	21
TOTAL	2	6	13	0		77
TOTAL GOBERNACIÓN DE IDLIB						

*Total repetido en todas las páginas

GOBERNACIÓN DE LATAKIA

Localizaciones en la gobernación de Latakia

BIENES CULTURALES	DAÑOS				OTROS	TOTAL
	Destruido	Serio	Moderado	Posible		
Zona arqueológica de Ugarit			Zona arqueológica de Ugarit		Incendios no provocado en zonas próximas; excavaciones ilegales	1
Zona arqueológica de Iris			Zona arqueológica de Iris		Excavaciones ilegales	1
TOTAL GOBERNACIÓN DE LATAKIA						2

Anexo General

GOBERNACIÓN DE QUNEITRA

Localizaciones en la gobernación de Quneitra

BIENES CULTURALES	DAÑOS				OTROS	TOTAL
	Destruido	Serio	Moderado	Posible		
Ciudades, pueblos y villas	Kudnah (Kwdana)			al-Burayqah (Quneitra)		9
				Kubata al-Khashab (Kubata al-Khasab)	Impactos de mortero	
				Al-Rafeed (al-Rafeed)		
				Abu Ghara (Abu Ghara)	Iglesia saqueada y ocupada por hombres armados	
				Ain Frikhah (al-Kheshniyeh)		
				Ghadir al-Bustan (Ghadir al-Bustan)		
				Ophania (Ufaniya)		
				Qarqash (Grqis)	Excavaciones ilegales	
Yacimientos y *tell*				Kafr al-Ma (Abu Khait - Sihan)		7
				To aim (w.at)		
				Tell al-Ahmar (Kudnah).		
				Beerajam (Beerajam)		
				al-Malaka (al-Malaka)		
				Tell al-Qusaybah		
				Sayda (al-Qousaiba)		
Estructuras religiosas				Ein Ziwan (Ein Ziwan)		1

201

GOBERNACIÓN DE QUNEITRA						
BIENES CULTURALES	DAÑOS				OTROS	TOTAL
	Localizaciones en la gobernación de Quneitra					
	Destruido	Serio	Moderado	Posible		
Otros				Al-Mashida Abu Rajam (al-Arbaeen) al-Batmieh (al-Batmieh)	3	
TOTAL	1	0	0	19		20
TOTAL GOBERNACIÓN DE QUNEITRA						20

Anexo General

GOBERNACIÓN DE RAQQA
Ciudad de Raqqa

BIENES CULTURALES	DAÑOS				TOTAL
	Destruido	Serio	Moderado	Posible	OTROS	
Mezquitas	Gran Mezquita de Raqqa				Destrucción del mausoleo de Wabisa	1
Palacios			Palacios Abasíes (10 estrcuturas)			10
Mausoleos-santuarios	Uwais al-Qarani				Dáesh	3
	Ammar Bin Yasser					
	Mausoleo de Obay ibn Qays					
Otros	Leones del parque al-Raseed				Maquinaria pesada; Dáesh	8
		Tell Biä				
		Museo arqueológico				
			Puerta este		Daños por combates; robo	
			Puerta de Bagdad			
			Tell Aswad			
			Muralla de Raqqa			
			Puerta norte			
TOTAL	5	2	15	0		22

203

GOBERNACIÓN DE RAQQA

Otras localizaciones en la gobernación de Raqqa

BIENES CULTURALES	DAÑOS				OTROS	TOTAL
	Destruido	Serio	Moderado	Posible		
Yacimientos y *tell*			Rasafá		Excavaciones ilegales; ocupación militar; falta de mantenimiento	
			Tell al-Mesaf		Excavaciones ilegales	
			Tell Biaa		Excavaciones ilegales; construcciones	
			Tell Damir		Excavaciones ilegales	
			Tell Sabi Abyad		Excavaciones ilegales	
			Tell Shahin			
		Tell Sheikh Hasan			Destrucción tumba Seikh H.; excavaciones ilegales	
		Tell Hammam et Turkman			Ocupación militar; excavaciones ilegales	
				Tell Damer		
				Mafsh		10
Otros		Qal'at at Ja'bar (al-Tawrah)			Robo; ocupación por hombres armados	
	Almacedes de Heraqla				Saqueo total	
	Mausoleo de Abram					3
TOTAL	2	3	6	2		13
TOTAL GOBERNACIÓN DE RAQQA						35

Anexo General

GOBERNACIÓN DE TARTUS

Ciudad de Tartus

BIENES CULTURALES	DAÑOS				OTROS	TOTAL
	Destruido	Serio	Moderado	Posible		
Cementerios			De 'Azar		Excavaciones ilegales	1
TOTAL	0	0	1	0		1

Otras localizaciones en la gobernación de Tartus

BIENES CULTURALES	DAÑOS				NIVEL DE DAÑOS	TOTAL
	Destruido	Serio	Moderado	Posible		
Fortalezas			Qal'at al-Marqab (marqab)		Daños en el muro; asentamientos	1
TOTAL	0	0	1	0		1
TOTAL GOBERNACIÓN DE TARTUS						2

205

ANEXO MULTIMEDIA

1. Daños al mosaico de la fachada interior de la Gran Mezquita de Damasco (fuente: APSA).

Detalle de los daños provocados al mosaico mural situado en el patio interior de la Gran Mezquita, que da acceso a la sala de oración principal. Los daños fueron producidos por el impacto de artillería, durante una de las jornadas de lucha en 2014.

2. Antes y después del área arqueológica de Bosra, octubre de 2009-abril de 2014 (fuente: Digitalglobe para AAAS).

Tras el análisis de las dos imágenes satélite, la superior, anterior al inicio del conflicto, y la inferior, tomada el 29 de abril de 2014, se comprueba el daño al patrimonio cultural como consecuencia de los bombardeos (AAAS 2014a). En la mezquita *al-Omari*, situada en la parte superior de las dos imágenes, se aprecia la aparición de un cráter en su tejado. En la zona de los baños romanos, en la parte inferior de las dos imágenes, señalados en rojo y amarillo, se evidencia la aparición de escombros, resultado, posiblemente, del colapso de algunas zonas como consecuencia de los combates en la zona.

3. Estado actual de la mezquita *al-Omari* y del palacio de Trajano (fuente: APSA).

A la izquierda, el estado actual de la mezquita *al-Omari*, tras los bombardeos ocurridos a lo largo de 2015, que han tenido como resultado la destrucción del minarete y el colapso de varias secciones de la techumbre. A la izquierda, misma situación en el palacio de Trajano.

4. Estado del interior del teatro-fortaleza de Bosra tras el bombardeo de junio de 2015 (fuente: DA Bosra, al-Sham).

De izquierda-derecha, de arriba-abajo: uno de los patios internos del teatro-fortaleza, seriamente dañado; uno de los pasillos de acceso, colapsado; una de las entradas interiores al teatro.

Además, en el siguiente vídeo de comprueba su estado de conservación tras el bombardeo de junio de 2015: https://www.youtube.com/watch?v=c7YF-U3Ny_w (fuente: APSA en Youtube)

Anexo Multimedia

5. Antes y después del templo de *Baalshamin*, en Palmira (fuente: Digitalglobe para ASOR).

Tras la detonación de los explosivos el 4 de agosto de 2015, el templo quedó completamente destruido, como se comprueba en la comparación de imágenes del antes (izquierda) y el después (derecha).

6. Antes y después del Arco de Triunfo de Palmira (fuente: DGAM, 2016).

Antes (A) y después (B), del Arco del Triunfo de Palmira, tras de ser destruido por el Dáesh en octubre de 2016. Toda la parte central ha quedado destruida, mientras que las jambas permanecen aún en pie. La imagen A fue tomada el 14 de enero de 2013, la B fue realizada el 13 de marzo de 2016, corroborándose la información vía satélite.

7. **Antes y después de las torres funerarias del Valle de las Tumbas, en Palmira (fuente: Digitalglobe para ASOR).**

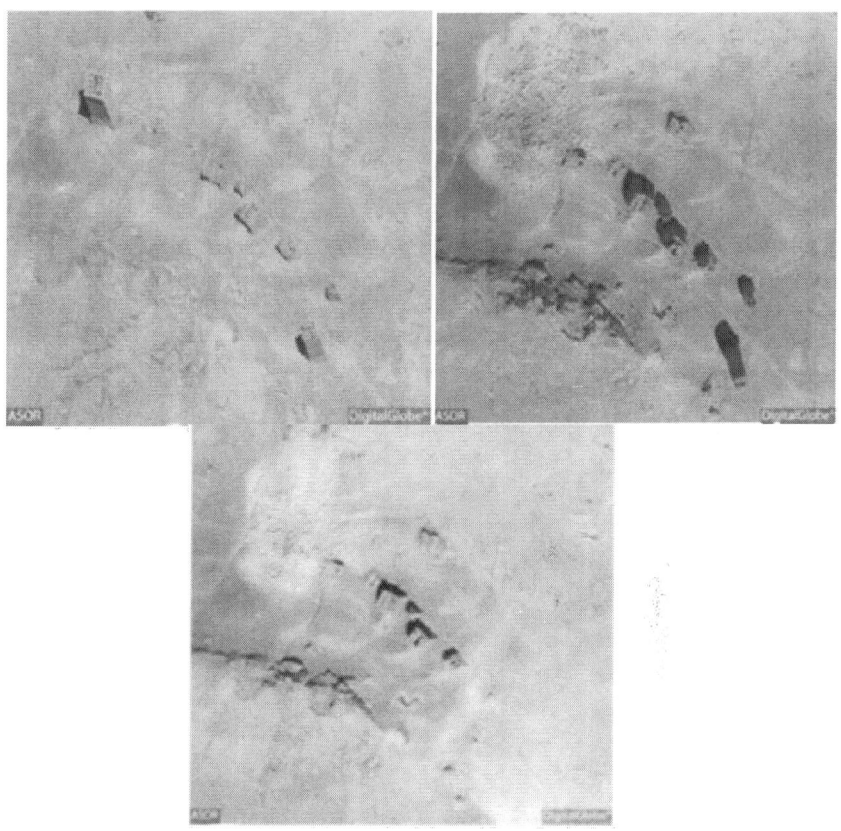

Evolución de la torre funeraria de Iamliku entre junio (arriba izquierda), agosto (arriba derecha) y septiembre (abajo) de 2015. Como se aprecia, la tumba fue destruida entre junio y agosto de 2015. También evolución de las torres funerarias de la familia Banai y la nº 71, destruidas entre agosto septiembre de 2015.

8. Antes y después de las torres funerarias de la necrópolis oeste (fuente: Digitalglobe para ASOR).

Antes y después de la tumba de Elahbel, situada en la necrópolis oeste de Palmira. La imagen satélite superior fue tomada el 26 de junio de 2015, mientras que la inferior, donde se constata su destrucción, se realizó en septiembre de ese mismo año. A la izquierda, la torre.

Anexo Multimedia

9. Estado de conservación de Palmira, tras su liberación en marzo de 2016 (fuente: Russia 24 en Youtube).

En el vídeo, que realiza un recorrido aéreo sobre el yacimiento, se constata la destrucción de todos los elementos ya aludidos, y se comprueba el buen estado de conservación de otros como: el Tetrapilón, el teatro, los baños de Diocleciano, el ágora, el senado, o el campamento de Diocleciano: https://www.youtube.com/embed/zFHcIm9F41w

10. Incendio dentro del zoco *al-Madina*, en Alepo, en septiembre de 2012 (fuente: APSA en Youtube).

En el siguiente vídeo, aportado por *la Association for the Protection of the Syrian Archaeology* (APSA), se muestra la devastación causada en el histórico zoco *al-Madina*, pasto de las llamas: https://www.youtube.com/watch?v=t3ZC0x4p3B8

11. Antes y después del muro noreste de la ciudadela (fuente: APSA).

Las bombas subterráneas colocadas en los alrededores de la ciudadela provocaron el colapso de un tramo del muro defensivo noreste de la fortificación. En la imagen, su aspecto anterior (arriba) y posterior (abajo) a la detonación de los explosivos, en julio de 2015.

12. Antes y después del minarete de la Gran Mezquita de Alepo (fuente: de izquierda a derecha, fotografía propia y Gabriele Fangi, Wissam Wahbeh).

La imagen A muestra el estado de conservación del minarete de la mezquita en 2006, mientras la imagen B evidencia su completa destrucción, en abril de 2013. El siguiente vídeo expone el estado de conservación de la mezquita tras el colapso del citado alminar: https://www.youtube.com/watch?v=sTNHH2FbEVs (fuente: al-Jazeera en Youtube).

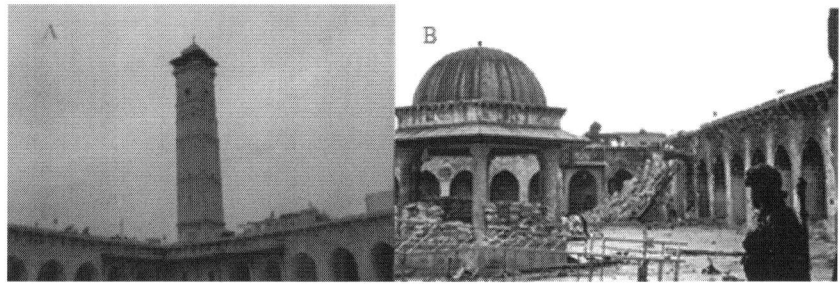

13. Momento de la destrucción del hotel Carlton Citadel, Alepo (fuente: Skynews en Youtube)

En el siguiente vídeo se comprueba la violenta explosión: https://www.youtube.com/watch?v=8FqIibzIw9I

14.*Syria: a Rare Look Inside Aleppo, a City Left in Ruins* (fuente: France 24 en Youtube).

Syria: a Rare Look Inside Aleppo, a City Left in Ruins, es el título de un reportaje emitido por la cadena *France 24* en enero de 2016. En él varios reporteros recorren el casco antiguo de la ciudad, hoy reducida a escombros, según se desprende de sus imágenes. El vídeo está disponible en el siguiente enlace: https://www.youtube.com/watch?v=-m3o6i6UcNQ

15. Destrucción en el Crac de los Caballeros (fuente: APSA).

Abajo, el estado de conservación de la fortaleza como consecuencia de los ataques aéreos y terrestres, todas de marzo de 2014. En la siguiente página, restos de impacto de balas y otra artillería de mayor calibre, en los muros del Crac de los Caballeros.

16. Daños en el Crac de los Caballeros

A. La imagen proporcionada por un dron, y emitida en la cadena rusa *Russian Insider* en 2015, muestra el crecimiento de la vegetación entre los sillares de la fortaleza, lo que está produciendo grietas en la estructura: http://www.liveleak.com/view?i=878_1459704606 (fuente: Russian Insider en Live Leak).

B. Vídeo difundido por APSA en el que se comprueba el bombardeo directamente sobre el Crac de los Caballeros, Patrimonio Mundial desde el año 2006, efectuado por las tropas del gobierno sirio el 12 de julio de 2013: https://www.youtube.com/watch?v=RHPtHwNqaVE&spfreload=10 (fuente: APSA en Youtube).

17. Construcciones militares en la iglesia-monasterio de san Simeón, ubicado en las aldeas antiguas del norte de Siria (fuente: AAAS).

Entre las dos imágenes, la derecha, tomada en noviembre de 2010, y la izquierda, de agosto de 2014, se aprecia la aparición de lo que parecen ser tiendas de campaña militares en el interior de uno de sus brazos. Esta militarición del espacio provocó, además, según la AAAS, daños a sus elementos interiores (AAAS, 2014a).

18. Efectos de los bombardeos sobre la iglesia-monasterio de san Simeón, en las aldeas antiguas del norte de Siria (fuente: Wikimedia Commons y APSA).

Arriba, antes y después del estado de conservación de la columna de san Simeón. En la fotografía de la izquierda, antes de la guerra, todavía permanecía parte de la columna, en la de la derecha, tomada el 12 de mayo de 2016, los restos han desaparecido y hay presencia de escombros en toda el área. Abajo, fotografías tomadas el 12 de mayo de 2016 en las que se aprecia la destrucción causada por los bombardeos aéreos en la zona.

19. Saqueo y militarización de Apamea

En los vídeos suministrados por la organización APSA, grabados entre agosto y septiembre de 2014, se aprecia el posicionamiento de tropas en varios sectores en la zona norte del yacimiento, y la aparición de enormes pozos para extraer las piezas arqueológicas que, posteriormente, serían vendidas.

https://www.youtube.com/watch?v=DIcgRZaSB_A

https://www.youtube.com/watch?v=aJoiyOl_xo0

20. Ocupación militar de Ebla (fuente: AAAS).

El recinto arqueológico habría sido tomado por militares en una fecha anterior a septiembre 2012, cuando aparecen hasta 11 tiendas de campaña (véase A y B) (AAAS, 2014b). En las imágenes de enero de 2013, las estructuras persisten, aunque reducidas en número, en este caso, 7 (AAAS, 2014b). Junto con las tiendas, que desaparecen en la imagen del 18 de agosto de 2014 (véase C), se aprecia el surgimiento de parcelaciones del terreno (véase D), con el daño desde el punto de vista científico que se desprende de los movimientos de tierra en un lugar arqueológico (Casana, 2015).

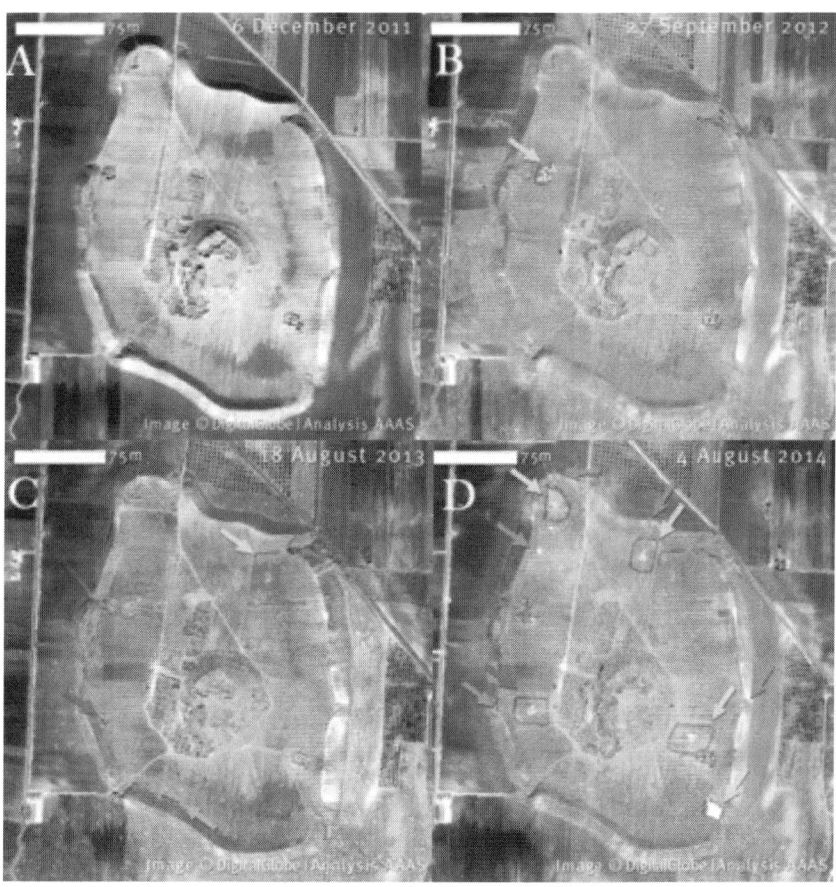

21. Derrumbes, excavaciones ilegales y bombardeos en Ebla (fuente: APSA).

En las imágenes, tomadas por miembros de APSA en el año 2013, se aprecia el derrumbe de algunos elementos, junto con la aparición de pozos con los que extraer material arqueológico, y actos de vandalismo, con pintadas sobre varios muros.

22. Reconstrucción del patrimonio afectado en Malula (fuente: DGAM).

Destrucción (A) y restauración (B) de la cúpula del monasterio de san Sergio y san Baco, en 2014. A la luz de la primera imagen, parece que habría resultado dañada por el impacto de artillería, probablemente como consecuencia de las operaciones del ejército sirio para arrebatar el control del pueblo a *Al-Nusra*.

23. Venta ilegal de objetos procedentes de Malula en Líbano (fuente: Russia Today en Youtube).

En el siguiente vídeo se muestra cómo en el pueblo de Ras Baalbek, en Líbano, se trafica con muchos de los objetos expoliados en Malula en 2014: https://www.youtube.com/watch?v=KU9E13I4pUM

24. Destrucción de la noria *al-J'abariyya*, en Hama (fuente: APSA).

Estado de la noria *al-J'abariyya*, tras ser devorada por las llamas durante la noche del 8 de agosto de 2014. En el vídeo se comprueba la destrucción de todos los mecanismos, el colapso de varias secciones y la estructura carbonizada: http://www.liveleak.com/view?i=80c_1408005272 (fuente: APSA en Live Leak).

25. Destrucción de las norias de *Shaizar*, en Hama (fuente: DGAM).

En las imágenes, aportadas por la DGAM (2015d), se comprueba la destrucción de las dos norias, esta vez, consecuencia de los choques directos ocurridos en la zona entre marzo y abril de 2015. Tanto la rueda, de madera, como la estructura sobre la que se asienta, de piedra, aparecen prácticamente destruidas.

26. Destrucción del patrimonio cultural de la ciudad de Raqqa (fuentes: A) APSA; B) AAAS; C) Dáesh y APSA).

A. Destrucción por el Dáesh de los leones del parque *al-Rasheed*.

En las imágenes se aprecian dos momentos de la destrucción de estas esculturas por el Dáesh. A la izquierda, la destrucción de una de ellas con una pala excavadora, a la derecha, el resultado.

B. Daños a la muralla abasí de Raqqa para abrir una zona de paso.

Anexo Multimedia

C. Antes, durante y después de la destrucción de los santuarios-mausoleos de *Oueis*.

En la secuencia de imágenes, difundidas en forma de vídeo por el Dáesh, se comprueba la detonación de los explosivos colocados en el santuario-mausoleo *Oueis* y su destrucción total.

27. Limpieza cultural efectuada por el Dáesh sobre esculturas del museo de Palmira (fuente: ASOR).

Antes y después de varias esculturas que se encontraban custodiadas en el museo de Palmira. Fueron halladas decapitadas una vez que la zona fue retomada por el gobierno sirio en marzo de 2016. Representan un ejemplo de la limpieza cultural efectuada por el Dáesh en el territorio, que ve las tradiciones culturales distintas a la doctrina salafista del islam como una ofensa a Dios, por lo que deben ser destruidas. En este caso, aparte de ser bienes culturales correspondientes a una civilización pagana, representan figuras humanas, en contra de los preceptos del islam, dando lugar a un claro ejemplo de iconoclasia, y recordando mucho a lo sucedido en el museo de Mosul, en Iraq, en febrero de 2015 (ASOR, 2016a).

28. Estado del interior del museo de Palmira tras la expulsión del Dáesh (fuente: APSA).

Vitrinas rotas, techos y paredes colapsados y objetos arqueológicos destrozados… fue el panorama que se encontraron las tropas del gobierno de al-Assad y sus aliados rusos al entrar al museo de Palmira, una vez liberada la zona, en marzo de 2016.